职工职业健康管理手册

EMPLOYEE OCCUPATIONAL HEALTH MANAGEMENT MANUAL

中华全国总工会
劳动和经济工作部　组织编写

国家卫生健康委
职业安全卫生研究中心　编著

中国工人出版社

目　录
CONTENTS

上　篇　职业健康基础知识

下　篇　职业病危害防护知识

上　篇

职业健康基础知识

1 第一章 职业健康概述

人类自开始生产活动以来，就出现了因接触生产环境和劳动过程中的有害因素而发生的疾病。追溯国内外历史，最早发现的职业病都与采石开矿和冶炼生产有关。我国劳动者数量较多，有效预防、控制和消除职业病危害，切实保障劳动者职业健康权益，对维护劳动者身体健康、促进经济社会持续健康发展至关重要。

一、职业健康形势

当前，我国经济高质量发展、产业结构不断调整优化，随着经济的快速发展以及工业化、城镇化和经济全球化的不断推进，以尘肺病、化学中毒、噪声聋和放射性疾病等为主的传统职业病发病形势依然严峻，工作压力、肌肉骨骼疾患等工作相关疾病问题凸显。

1. 我国职业病发病情况

职业病是指企业、事业单位和个体经济组织等用人单位的劳动者在职业活动中，因接触粉尘、放射性物质和其他有毒、有害的物理、化学等因素而引起的疾病。职业病发病情况是国家卫生统计的重要组成部分，客观反映了工业卫生、健康及管理水平，不仅为制定劳动卫生保护法规提供科学依据，也是劳动保护和职业医学科研部门确定防治方向和重点的参考资料。

近年来，我国职业病年均新发病例数在 2 万例左右。其中，尘肺病（主要为煤工尘肺和矽肺）年均报告病例约为 1.5 万例，约占总职业病病例数的

75%。截至 2021 年底，全国累计报告职业性尘肺病患者 91.5 万人，现存活的职业性尘肺病患者约有 45 万人。超过半数的尘肺病发生在中小型企业，主要分布在煤炭、冶金及机械等行业。除尘肺病外，各类行业职业性化学中毒发病形势也不容乐观，截至 2021 年底，全国累计报告各类行业职业性化学中毒（包括急性中毒和慢性中毒）84546 例，年均报告病例约为 2350 例，也处于一个较高的水平，尤其是在 1996 年以前，每年报告病例数均在 3000 例以上，最高为 5275 例。引发急性中毒的化学物质近 60 种，引起中毒例数前三位的化学物质为一氧化碳、硫化氢和氯气，其中一氧化碳中毒主要分布在冶金、煤炭、建设和建材行业。慢性中毒的主要病因是铅、苯和三硝基甲苯等常见的毒物，主要发生在轻工、化工、机械、钢铁和有色金属等工业系统。近年来，各类职业性化学中毒得到有效的遏制，年新报告病例数从 1986 年的 5130 例下降至 2021 年的 567 例，降幅达 88.9%。其他职业病如职业性噪声聋，年新报告病例从 1986 年的 371 例增加到 2016 年的 1220 例，增幅达 228.8%，已成我国尘肺病之后的第二大职业病。

从行业分布看，煤炭开采和洗选业、有色金属矿采选业和开采辅助活动行业、机械和建筑行业的职业病病例数较多，占全国报告职业病例数的 60% 以上。

近年来，我国尘肺病等重点职业病高发势头得到初步遏制，劳动者职业健康权益得到进一步保障。尽管我国新发职业病呈下降趋势，但由于职业健康检查覆盖率低和用工制度不完善等原因，实际发病人数仍远高于报告病例数。随着我国经济转型升级，新技术、新材料、新工艺广泛应用，新的职业、工种和劳动方式不断产生，职业病危害因素更加多样、复杂，传统的职业病危害尚未得到根本控制，社会心理因素和不良工效学因素所致精神疾患和肌肉骨骼疾患等工作相关疾病问题日益突出，职业健康工作面临多重压力。

2. 健康中国的含义

习近平总书记指出，健康是促进人的全面发展的必然要求，是经济社会发展的基础条件，是民族昌盛和国家富强的重要标志，也是广大人民群众的共同追求。

党和国家历来高度重视人民健康。新中国成立以来特别是改革开放以来，我国健康领域改革发展取得显著成就，城乡环境面貌明显改善，全民健身运动蓬勃发展，医疗卫生服务体系日益健全，人民健康水平和身体素质持续提高。同时，工业化、城镇化、人口老龄化、生态环境及人们生活方式的变化等，也给维护和促进健康带来一系列新的挑战，健康服务供给总体不足与需求不断增长之间的矛盾依然突出，健康领域发展与经济社会发展的协调性有待增强，需要从国家战略层面统筹解决关系健康的重大和长远问题。

党的十八大以来，以习近平同志为核心的党中央把维护人民健康摆在更加突出的位置。2016 年全国卫生与健康大会召开，确立了新时代卫生与健康工作方针。中共中央、国务院印发了《“健康中国 2030”规划纲要》(以下简称《纲要》)，发出建设健康中国的号召，明确了建设健康中国的大政方针和行动纲领，人民健康状况和基本医疗卫生服务的公平性、可及性持续改善。

《纲要》明确了今后 15 年健康中国建设的总体战略，要坚持以人民为中心的发展思想，牢固树立和贯彻落实创新、协调、绿色、开放、共享的新发展理念，坚持以基层为重点，以改革创新为动力，预防为主，中西医并重，将健康融入所有政策，人民共建共享的卫生与健康工作方针，以提高人民健康水平为核心，突出强调了 3 项重点内容：

一是预防为主、关口前移，推行健康生活方式，减少疾病发生，促进资源下沉，实现可负担、可持续的发展。

二是调整优化健康服务体系，强化早诊断、早治疗、早康复，在强基层基础上，促进健康产业发展，更好地满足群众健康需求。

三是将“共建共享全民健康”作为战略主题，坚持政府主导，动员全社会参与，推动社会共建共享，人人自主自律，实现全民健康。

《纲要》明确将“共建共享”作为“建设健康中国的基本路径”，是贯彻落实“共享是中国特色社会主义的本质要求”和“发展为了人民、发展依靠人民、发展成果由人民共享”的要求。要从供给侧和需求侧两端发力，统筹社会、行业和个人3个层面，实现政府牵头负责、社会积极参与、个人体现健康责任，不断完善制度安排，形成维护和促进健康的强大合力，推动人人参与、人人尽力、人人享有，在“共建共享”中实现“全民健康”，提升人民获得感。推进健康中国建设，是全面建成小康社会、基本实现社会主义现代化的重要基础，是全面提升中华民族健康素质、实现人民健康与经济社会协调发展的国家战略，是积极参与全球健康治理、履行2030年可持续发展议程国际承诺的重大举措。

3. 解读健康中国行动之职业健康保护行动

职业健康保护行动作为《健康中国行动（2019—2030年）》的15个专项行动之一，是按照《“健康中国2030”规划纲要》有关职业健康规划要求，着眼于保护全国近8亿劳动者的职业健康和福祉，以提供全方位职业健康服务为目标的中长期行动，从2019年开始到2030年，跨越11年。该行动是健康中国行动第二大板块中的第三项行动，是保护广大劳动者健康的专题行动，主要依据《中华人民共和国职业病防治法》和职业病预防控制有关文件规定，兼顾传统职业病的防治和新型职业健康危害因素的应对，分别提出劳动者个人、用人单位、政府应采取的举措及行动，其主要目标是通过长期发力、综合治理，努力提升职业健康管理水平，具有综合性、全方位的特点。

一是劳动者个人行动，主要包括：倡导职业健康工作方式；树立职业健康意识；强化职业病防治法律意识，知法、懂法；加强劳动过程防护，严格按照操作规程进行作业，自觉、正确地佩戴个人防护用品；提升急性职业病危害事故的应急处置能力；加强防暑降温措施；除企业职工外，加强长时间伏案低头工作或长期前倾坐姿人员、教师、交通警察、医生、护士、驾驶员等特殊职业人群的健康保护等7个方面。

二是用人单位行动，主要包括：为劳动者提供卫生、环保、舒适和人性化的工作环境；建立健全各项职业健康制度；加强建设项目职业病防护设施“三同时”管理，优先采用有利于防治职业病和保护劳动者健康的新技术、新工艺、新设备、新材料；加强职业病危害项目申报、日常监测、定期检测与评价，在醒目位置设置职业病危害公告栏，对产生严重职业病危害的作业岗位，应当在其醒目位置，设置警示标识和中文警示说明；建立职业病防治和健康管理责任制；建立职业健康监护制度；规范劳动用工管理，依法与劳动者签订劳动合同，为劳动者缴纳工伤保险费等7个方面。

三是政府行动，主要包括：研究修订职业健康法律法规、标准和规章；研发、推广有利于职业健康的新技术、新工艺、新设备和新材料；完善职业健康技术支撑体系；加强职业健康监管体系建设；加强职业健康监督检查、优化职业病诊断程序和服务、加大保障力度；改进信息管理机制和信息化建设；组织开展“健康企业”创建活动，拓宽丰富职业健康范围，积极研究将工作压力、肌肉骨骼疾病等新职业病危害纳入保护范围，营造职业健康文化等7个方面。

延伸阅读

职业健康保护行动

——劳动者个人行动与用人单位行动

劳动者个人

1. 倡导健康工作方式。积极传播职业健康先进理念和文化。国家机关、学校、医疗卫生机构、国有企业等单位的员工率先树立健康形象，争做“健康达人”。

2. 树立健康意识。积极参加职业健康培训，学习和掌握与职业健康相关的各项制度、标准，了解工作场所存在的危害因素，掌握职业病危害防护知识、岗位操作规程、个人防护用品的正确佩戴和使用方法。

3. 强化法律意识，知法、懂法。遵守职业病防治法律、法规、规章。接触职业病危害的劳动者，定期参加职业健康检查；罹患职业病的劳动者，建议及时诊断、治疗，保护自己的合法权益。

4. 加强劳动过程防护。劳动者在生产环境中长期接触粉尘、化学危害因素、放射性危害因素、物理危害因素、生物危害因素等可能引起相关职业病。建议接触职业病危害因素的劳动者注意各类危害的防护，严格按照操作规程进行作业，并自觉、正确地佩戴个人职业病防护用品。

5. 提升应急处置能力。学习掌握现场急救知识和急性危害的应急处置方法，能够做到正确的自救、互救。

6. 加强防暑降温措施。建议高温作业、高温天气作业等劳动者注意预防中暑。可佩戴隔热面罩和穿着隔热、通风性能良好的防热服，注意使用空调等防暑降温设施进行降温。建议适量补充水、含食盐和水溶性维生素等防暑降温饮料。

7. 长时间伏案低头工作或长期前倾坐姿职业人群的健康保护。应注意通过伸展活动等方式缓解肌肉紧张，避免颈椎病、肩周炎和腰背痛的发生。在伏案工作时，需注意保持正确坐姿，上身挺直；调整椅子的高低，使双脚刚好合适地平踩在地面上。长时间使用电脑的，工作时电脑的仰角应与使用者的视线相对，不宜过分低头或抬头，建议每隔1~2小时休息一段时间，向远处眺望，活动腰部和颈部，做眼保健操和工间操。

8. 教师、交通警察、医生、护士等以站姿作业为主的职业人群的健康保护。站立时，建议两腿重心交替使用，防止静脉曲张，建议通过适当走动等方式保持腰部、膝盖放松，促进血液循环；长时间用嗓的，注意补充水分，常备润喉片，预防咽喉炎。

9. 驾驶员等长时间固定体位作业职业人群的健康保护。建议合理安排作业时间，做到规律饮食，定时定量；保持正确的作业姿势，将座位调整至适当的位置，确保腰椎受力适度，并注意减少震动，避免颈椎病、肩周炎、骨质增生、坐骨神经痛等疾病的发生；作业期间注意间歇性休息，减少憋尿，严禁疲劳作业。

用人单位

1. 鼓励用人单位为劳动者提供整洁卫生、绿色环保、舒适优美和人性化的工作环境，采取综合预防措施，尽可能减少各类危害因素对劳动者健康的影响，切实保护劳动者的健康权益。倡导用人单位评选“健康达人”，并给予奖励。

2. 鼓励用人单位在适宜场所设置健康小贴士，为单位职工提供免费测量血压、体重、腰围等健康指标的场所和设施，一般情况下，开会时间超过2小时安排休息10～15分钟。鼓励建立保护劳动者健康的相关制度，如：工间操制度、健身制度、无烟单位制度等。根据用人单位的职工人数和职业健康风险程度，依据有关标准设置医务室、紧急救援站、有毒气体防护站，配备急救箱等装备。

3. 新建、扩建、改建建设项目和技术改造、技术引进项目可能产生职业病危害的，建设单位应当依法依规履行建设项目职业病防护措施“三同时”（即建设项目的职业病防护设施与主体工程同时设计、同时施工、同时投入生产和使用）制度。鼓励用人单位优先采用有利于防治职业病和保护员工健康的新技术、新工艺、新设备、新材料，不得生产、经营、进口和使用国家明令禁止使用的可能产生职业病危害的设备或材料。对长时间、高强度、重复用力、快速移动等作业方式，采取应用先进工艺技术、调整作息时间等措施，预防和控制过度疲劳及相关疾病发生。采取综合措施降低或消除工作压力，预防和控制其可能产生的不良健康影响。

4. 产生职业病危害的用人单位应加强职业病危害项目申报、日常监测、定期检测与评价，在醒目位置设置公告栏，公布工作场所职业病危害因素检测结果和职业病危害事故应急救援措施等内容，对产生严重职业病危害的作业岗位，应当在其醒目位置，设置警示标识和中文警示说明。

5. 产生职业病危害的用人单位应建立职业病防治管理责任制，健全岗位责任体系，做到责任到位、投入到位、监管到位、防护到位、应急救援到位。用人单位应当根据存在的危害因素，设置或者指定职业卫生管理机构，配备专兼职的职业卫生管理人员，开展职业病防治、职业健康指导和管理工作。

6. 用人单位应建立完善的职业健康监护制度，依法组织劳动者进行职业健康检查，配合开展职业病诊断与鉴定等工作。对女职工定期进行妇科疾病及乳腺疾病的查治。

7. 用人单位应规范劳动用工管理，依法与劳动者签订劳动合同，合同中应明确劳动保护、劳动条件和职业病危害防护、女职工劳动保护及女职工禁忌劳动岗位等内容。用人单位应当保证劳动者休息时间，依法安排劳动者休假，落实女职工产假、产前检查及哺乳时间，杜绝违法加班；要依法按时足额缴纳工伤保险费。鼓励用人单位组建健康指导人员队伍，开展职工健康指导和管理工作。

4.“健康企业”与“职业健康达人”

有健康的员工才能成就健康的企业，“健康企业”建设就是确保企业的员工健康。“健康企业”涵盖了企业的健康政策、健康环境、健康文化、职业性相关危害因素控制等内容。“健康企业”是健康“细胞”的重要组成之一，通过不断完善企业管理制度，有效改善企业环境，提升健康管理和服务水平，打造企业健康文化，满足企业员工健康需求，实现企业建设与人的健康协调发展。“健康企业”建设坚持党委政府领导、部门统筹协调、企业负责、专业机构指导、全员“共建共享”的指导方针，按照属地化管理、自愿参与的原则，面向全国各级各类企业开展。为指导各地开展好“健康企业”建设，《健康企业建设规范（试行）》中明确了企业需重点落实的 4 个方面的工作任务：

一是建立健全管理制度。制定“健康企业”工作计划，结合企业性质、作业内容、劳动者健康需求和健康影响因素等，建立完善与劳动者健康相关的各项规章制度，规范企业劳动用工管理。

二是建设健康环境。完善企业基础设施，为劳动者提供布局合理、设施完善、整洁卫生、绿色环保、舒适优美和人性化的工作生产环境。积极开展控烟工作，打造无烟环境。落实建设项目职业病防护设施“三同时”制度，做好职业病危害预评价、职业病防护设施设计及竣工验收、职业病危害控制效果评价。

三是提供健康管理与服务。鼓励依据有关标准设立医务室、紧急救援站等，配备急救箱等设备。建立劳动者健康管理服务体系，实施人群分类健康管理和指导。制定应急预案，防止传染病传播流行。制定并实施员工心理援助计划，提供心理咨询等服务。组织开展适合不同工作场所或工作方式特点的健身活动。落实《女职工劳动保护特别规定》。依法依规开展职业病防治工作。

四是营造健康文化。广泛开展职业健康、慢性病防治、传染病防控和心理健康等健康知识宣传教育活动，提高员工健康素养。关爱员工身心健康，构建和谐、平等、信任、宽容的人文环境。切实履行社会责任。

职业病防治是为了预防、控制和消除职业病危害，防治职业病，保护劳动者健康及其相关权益开展的工作。“健康企业”建设从场所的角度出发，以建立健全管理制度、建设健康环境、提供健康管理与服务、营造健康文化等方面为主要内容，多角度、多维度开展，保障劳动者身心健康。

“职业健康达人”指用人单位中自觉树立健康意识、主动践行健康行为、积极参与健康管理、善于传播健康理念、具有较好健康影响力的职业健康代表人物。“职业健康达人”评选应当符合《“职业健康达人”基本标准》提出的基本条件、健康素养、自主健康管理、健康影响力等 4 个方面 14 条标准。

延伸阅读

《“职业健康达人”基本标准》

第一章 基本条件

第一条 热爱祖国，热爱人民，拥护中国共产党的领导，具有正确的世界观、人生观和价值观。

第二条　遵守国家法律法规，爱岗敬业，遵章守纪，无违法违纪行为。

第三条　身心健康，诚信友善，家庭和睦，人际关系良好。

第二章　健康素养

第四条　掌握相关的职业病危害预防和控制知识，具有较强的健康意识，熟悉职业病防治相关法律法规的主要内容。

第五条　掌握本单位职业健康管理制度和操作规程的基本要求。

第六条　掌握职业病危害事故相关急救知识和应急处置方法，具有正确的自救、互救能力。

第七条　了解工作相关疾病和常见病的防治常识。

第三章　自主健康管理

第八条　践行健康工作方式，严格遵守本单位职业健康管理制度和操作规程；规范佩戴或使用职业病防护用品。

第九条　自觉参加职业健康培训及健康教育活动；按规定参加职业健康检查，及时掌握自身健康状况。

第十条　践行健康生活方式，合理膳食、适量运动、戒烟限酒、心理平衡。

第四章　健康影响力

第十一条　主动参与职业健康管理，积极建言献策，在职业健康日常管理工作中作出突出贡献。

第十二条　拒绝违章作业；发现职业病危害事故隐患及时报告，敢于批评、检举违反职业病防治相关法律法规的行为；提醒身边同事纠正不健康行为方式。

第十三条　积极宣传职业病防治知识，传播职业健康先进理念和做法，宣传与传播作用显著。

第十四条　热心职业健康公益事业，能够带动本单位和身边劳动者践行健康工作方式和生活方式。

5.《国家职业病防治规划（2021—2025年）》解读

“十四五”时期是我国开启全面建设社会主义现代化国家新征程、向第二个百年奋斗目标进军的第一个5年。按照党的十九大关于实施健康中国战略的决策部署，国家卫生健康委等17个部门联合研究制定了《国家职业病防治规划（2021—2025年）》（以下简称《规划》）。《规划》提出了“十四五”时期职业病防治工作的总目标是：到2025年，职业健康治理体系更加完善，职业病危害状况明显好转，工作场所劳动条件显著改善，劳动用工和劳动工时管理进一步规范，尘肺病等重点职业病得到有效控制，职业健康服务能力和保障水平不断提升，全社会职业健康意识显著增强，劳动者健康水平进一步提高。《规划》提出了11项具体指标以及要完成的8个方面的重点任务。制定《规划》主要从以下几个方面考虑：

一是要以习近平新时代中国特色社会主义思想为指导，坚持以人民为中心的发展思想。职业健康关系亿万劳动者及其家庭的幸福安康，“十四五”职业病防治规划要以保障劳动者职业健康为出发点和落脚点。

二是突出两个方面的重点，既要做好传统职业病的防控，又要兼顾新型职业病危害的预防。因为“十四五”时期是我国迈向第二个百年奋斗目标新征程的开启阶段，新时代职业健康工作面临新的要求，要树立大卫生、大健康的理念，按照实施健康中国战略的要求，落实职业健康保护行动。要从以治病为中心转变到以健康为中心，所以不仅要关注像尘肺病、职业中毒、噪声聋等传统的职业病防治，同时也要关注工作压力、心理健康等问题，以及肌肉骨骼疾患等工作相关疾病的预防，不仅要关注一线的“蓝领”职工，同时也要关注“白领”职工。

三是要强化三个环节。职业病防治是社会系统工程，涉及预防、治疗和保障三个重要环节，要充分发挥职业病防治工作部际联席会议机制的作用，落实相关部门和单位的责任，尤其是要加强联防联控，加强有效衔接，形成工作合力，共同推进职业健康事业高质量发展。

四是要落实四方责任。要落实好地方政府的领导责任、有关部门的监督管理责任、用人单位的主体责任、劳动者个人的防护责任。特别要落实好用人单位的主体责任，用人单位是职业病防治的责任主体，职业病防治法、劳动法等相关法律法规都对企业落实主体责任有明确的要求，用人单位的主要负责人要对本单位的职业病防治工作全面负责，要建立健全职业病防治责任制，加强管理、提高防治水平，对本单位产生的职业病危害承担防治责任。要依法配备专职或兼职的管理人员，要有机构管，有人管，要投入必要的人财物。要做好职工培训、管理人员培训、企业负责人培训，制定职业病防治计划和实施方案，落实各项防治措施，确保职业病危害因素能够符合国家标准要求。另外，必须健全管理制度和操作规程，落实职业病防护设施“三同时”制度，做好工作场所职业病危害因素申报、日常监测、定期检测，以及危害警示告知。要强化职业病危害源头预防和治理，建立完善职业健康监护制度，组织劳动者开展职业健康检查，配合开展职业病的诊断和鉴定工作。同时，要按照《中华人民共和国劳动法》《中华人民共和国劳动合同法》相关的法律法规，与劳动者签订劳动合同，依法为其缴纳工伤保险费。

延伸阅读

《国家职业病防治规划（2021—2025年）》确定的主要任务

一是深化源头预防，改善工作场所劳动条件。一方面要通过调整产业政策、落实用人单位主体责任、持续开展职业病危害因素监测和专项治理等工作，强化对传统职业病危害源头防控；另一方面要采取有效措施，做好工作压力、肌肉骨骼疾患等职业病危害的预防控制。

二是严格监管执法，提高职业健康监管效率。强化监督执法，严肃查处违法行为。规范用人单位劳动用工，加强劳动合同、工作时间、工伤保险等监督管理。继续在重点行业中推行集体协商和签订劳动安全卫生专项集体合同，督促用人单位和劳动者认真履行防治责任；落实平安中国建设要求，加强工矿商贸、建筑施工、核与辐射等行业领域的监管，统筹推进职业病防治工作。加强基层监管队伍建设，提升规范化、专业化水平。

三是强化救治措施，提升职业病患者保障水平。加强职业病及危害因素监测，完善监测政策和监测体系，扩大监测范围，开展风险评估，实施分类监管，提高预警能力。依托现有医疗卫生机构健全职业病诊断救治康复网络，提升救治康复能力。发挥多项保险制度的作用，减轻患者医疗负担。落实救助政策，保障职业病患者基本生活。

四是推动“健康企业”建设，提升职业人群健康水平。将“健康企业”建设作为健康城市建设的重要内容，大力推动“健康企业”建设，推进企业依法履行职业病防治等相关法定责任和义务。鼓励矿山、冶金、化工、建材企业和医疗卫生机构、学校、公安、交通运输等单位率先开展“职业健康达人”评定活动。

五是加强人才培养，强化技术支撑体系建设。加大职业健康检测评价、工程防护、诊断救治等专业人才培养力度，鼓励和支持高等院校、职业院校加强职业健康相关学科专业建设。健全职业病防治技术支撑体系和职业病诊断救治技术支撑网络。

六是推动科技创新，引领职业健康高质量发展。推动将职业健康关键技术、重大项目纳入国家和地方科技计划，开展前沿基础性研究、防护关键技术及装备研究、诊疗康复关键技术研究，形成一批先进技术成果并推广应用。

七是推进信息化建设，提升职业健康管理效能。将职业健康信息化工作纳入全民健康保障信息化工程，实现跨层级、跨地域、跨部门的协同管理和服务。建设全国一体化的职业健康信息管理平台，加强部门信息共享。

八是加强宣教培训，增强全社会职业健康意识。持续开展《中华人民共和国职业病防治法》宣传周活动，大力开展职业健康教育，营造全社会关心关注职业健康的良好氛围。实施职业健康培训工程，加强用人单位主要负责人、职业健康管理人员和接触职业病危害劳动者全员培训，提升劳动者自我防护和依法维权意识。

《规划》在主要任务中设置了中小微型企业职业健康帮扶行动、职业病防治技术支撑体系建设、全国职业健康管理信息平台建设和职业健康科技创新等4个专栏。设置这4个专栏，主要是为了解决制约职业病防治工作中的短板与弱项问题，提升职业病防治的服务保障和科技支撑能力。

二、常见职业健康知识概念

1. 健康

世界卫生组织关于健康的定义：“健康不仅指一个人身体没有出现疾病或虚弱现象，而且指一个人生理上、心理上和社会上的完美状态。”

健康包括两个方面的内容：一是主要脏器无疾病，身体形态发育良好，体形均匀，身体各系统具有良好的生理功能，有较强的身体活动能力和劳动能力，这是对健康最基本的要求；二是对疾病的抵抗能力较强，应变能力强，能适应各种环境变化。

（1）生理功能良好。

生理功能良好可以直观地理解为某物质或者某个器官对生命体自身的新陈代谢所作出的贡献，其对完成正常的生理活动所发挥的作用。如肾脏的生理功能是水的重吸收，以及排除人体代谢垃圾，保持人体内稳态等。

（2）心理健康。

心理健康是相对的，绝对的心理健康是不存在的，人的心理健康都处在比较健康和极不健康的两端连线中间的某一点上，而且人的心理健康状态是动态变化的。人的心理健康既可以从相对健康变成健康，又可以从相对健康变成不健康，因此，心理健康与否是反映某一段时间内的特定状态。

心理健康不像躯体健康有比较明确的理化指标，心理健康主要是从个体的认知、情绪、意志、个性、行为、社会适应、人际关系、家庭关系、心理承受能力等方面表现出来。美国心理学家马斯洛提出的心理健康标准，为自我心理健康程度判断提供了一个最基本的参考：有足够的自我安全感；能充分了解自己，并能对自己的能力做出适度评价；生活理想、切合实际；不脱离周围现实环境；能保持人格的完整与和谐；善于从经验中学习；能保持良好的人际关系；能适度发泄情绪和控制情绪；在符合集体要求的前提下，能有限地发挥个性；在不违背社会规范的前提下恰当地满足个人需求。

（3）社会适应良好。

社会适应良好是个体与环境相互作用后达到平衡、和谐状态的过程。如一个人对于社会环境和一些有益或有害的刺激，能够积极调整、适应，不让自己长期处于一种封闭、压抑的状态。简单地说就是保持一种好的适应心态，保持良好的沟通。

延伸阅读

亚健康

简单来说，亚健康被定义为介于健康与疾病之间的一种生理功能处于低下的状态。

由于亚健康状态是介于健康状态和疾病状态之间的一种游离状态，所以对于亚健康状态的诊断很难界定。例如，疲劳、失眠，健康的人经过适当的休息与调理就可以得到纠正与克服。

健康体质的 7 项判断标准

（1）体重。当人的体重超过标准体重 20% 时就被定义为肥胖。成人肥胖程度可用体重指数和腰围来衡量。医学界使用体重指数

（BMI）来衡量一个人胖或不胖。计算的方法是：BMI=体重（千克）÷身高（米）的平方。正常值为20～24。

（2）血脂。血脂是血中所含脂质的总称，主要成分为甘油三酯、胆固醇。其中，低密度脂蛋白胆固醇极易吸附在动脉血管壁上，凝聚后极易成为心肌梗死的“元凶”和脑血栓的“帮凶”，是一种“坏胆固醇”。高密度脂蛋白胆固醇则被喻为“好胆固醇”。它可以促进身体清除“坏胆固醇”，帮助血管排堵保畅。

（3）腰围。在某种意义上，腰围可以反映一个人的健康状况。男性将腰围控制在90厘米之内、女性控制在80厘米之内会更健康。一般来说，腰围除以臀围的比值，男性不大于1，女性不大于0.9。

（4）血压。血压偏高与冠心病发病密切相关。高血压起初并无明显症状，因此需定期测量血压，了解血压变化情况。标准的血压应为120/80毫米汞柱。

（5）运动。运动可以提高健康胆固醇含量，让血管更有弹性，运动可以增加骨密度；此外运动产生的内啡肽也可以帮助人们缓解紧张和压力。每周坚持3～4次，每次30分钟左右的中等强度有氧锻炼（如慢跑、快走、登山、游泳等）将会使身体更加健康。

（6）戒烟。世界卫生组织目前已将烟草依赖列为国际疾病分类中的精神神经疾病。在吸烟的过程中，尼古丁极易由口腔、胃肠、呼吸道黏膜进入人体内。大剂量尼古丁可导致呼吸肌麻痹、意识障碍等不良健康反应，长期吸入可导致机体活力下降、记忆力减退，造成多种器官综合病症。

（7）血糖。糖尿病是由于体内胰岛素缺乏或胰岛素不能发挥正常作用，而引起的糖、脂质及蛋白质代谢紊乱。糖尿病可能出现典型的三多一少症状，即多饮、多食、多尿及体重减轻。成年人的空腹血糖数值为3.9～6.1毫摩尔/升，餐后1小时血糖数值为 6.7～9.4 毫摩尔 / 升，最多不超过 11.1 毫摩尔 / 升，餐后 2 小时血糖数值需≤ 7.8 毫摩尔 / 升，餐后 3 小时血糖数值需恢复正常水平。

2. 职业健康

职业健康是对工作场所内产生或存在的职业性有害因素及其健康损害进行识别、评估、预测和控制的一门科学，其目的是预防和保护劳动者免受职业性有害因素所致的健康影响和危险，使工作适应劳动者，促进和保障劳动者在职业活动中的身心健康和社会福利。1950 年，国际劳工组织和世界卫生组织联合职业健康委员会给出定义：职业健康应以促进并维持各行业职工的生理、心理及社交处在最好状态为目的，防止职工的健康受工作环境影响，保护职工不受健康危害因素伤害，并将职工安排在适合他们生理和心理的工作环境中。

影响职业健康的职业病危害因素通常不是单一存在的，多种职业病危害因素的联合存在会加重对职工健康的影响。

延伸阅读

职业健康素养 60 条

受国家卫生健康委职业健康司委托，中国疾控中心职业卫生所组织本领域专家编制了《中国劳动者职业健康素养——基本知识和技能（2022 年版）》（以下简称《职业健康素养 60 条》）。《职业健康素养 60 条》以大卫生大健康为切入点，从新的视角拓展了既往以传统职业病防治知识为重点的传播模式，界定了职业健康素养的基本内容，明确了职业健康促进和宣传教育的工作重点。总体框架包括“职业健康法律知识”“职业健康保护基本知识”“职业健康保护基本技能”以及“健康工作方式和行为”等 4 个方面。

1.《中华人民共和国职业病防治法》是保护劳动者健康及其相关权益的基本法律。

2. 职业病是指企业、事业单位和个体经济组织等用人单位的劳动者在职业活动中，因接触粉尘、放射性物质和其他有毒、有害因素而引起的疾病。

3. 职业病是可以预防的疾病，通过采取有效的控制措施可以预防职业病的发生。

4. 国家加强职业健康保护，县级以上人民政府应当制定职业病防治规划，提高职业病综合防治能力和水平。

5. 用人单位是职业病防治的责任主体，应当为职工创造有益于健康的环境和条件；劳动者应当学习和掌握相关职业健康知识，提高职业健康素养水平，保持和促进自身健康。

6. 女职工依法享有月经期、孕期、产期、哺乳期等特殊生理时期的职业健康保护。

7. 用人单位应当积极组织职工开展健身活动，保护职工健康；国家鼓励用人单位开展职工健康指导工作，提倡用人单位为职工定期开展健康检查。

8. 劳动合同应写明工作过程中可能产生的职业病危害及其后果、职业病防护措施和待遇等。

9. 工作场所职业病危害因素的强度或浓度应符合国家职业卫生标准和卫生要求。

10. 劳动者有权拒绝违章指挥和强令冒险作业，女职工有权拒绝矿山井下、高强度体力劳动等禁忌作业。

11. 职业健康检查是早期发现劳动者健康损害与职业禁忌证，减轻职业病危害后果的重要措施，职业健康检查费用由用人单位承担。

12. 职业健康检查不能由一般健康体检替代。

13. 对遭受或者可能遭受急性职业病危害的劳动者，应及时进行应急健康检查和医学观察。

14. 劳动者离开用人单位时，有权索取本人职业健康监护档案复印件。

15. 疑似职业病应依法进入职业病诊断程序，所需费用由用人单位承担。

16. 职业病诊断可以在单位所在地、本人户籍所在地或经常居住地的职业病诊断机构进行。

17. 当事人对职业病诊断有异议的，可以向作出诊断的医疗卫生机构所在地设区的市级以上地方卫生健康主管部门申请鉴定。

18. 职业病诊断鉴定实行两级鉴定制，设区的市级职业病诊断鉴定委员会负责职业病诊断争议的首次鉴定，省级鉴定为最终鉴定。

19. 国家对职业病实行分类管理，制定并发布《职业病分类和目录》。

20. 职业病病人依法享受国家规定的职业病待遇。确诊为职业病后，应及时申请工伤认定以便享受工伤待遇。

21. 职工应当参加工伤保险，由用人单位缴纳工伤保险费，用人单位未缴纳工伤保险费的，职业病相关的医疗和生活保障由该用人单位承担。

22. 职业病病人除依法享有工伤保险外，依照有关民事法律，尚有获得赔偿权利的，有权向用人单位提出赔偿要求。用人单位不存在或无法确定劳动关系的职业病病人，可以向地方人民政府部门申请医疗和生活方面的救助。

23. 职业病危害因素导致不良健康效应的严重程度与接触危害因素的水平有关。

24. 长期吸入矿物性粉尘导致的尘肺病是不可逆的疾病。生产性粉尘的控制应采取综合防控措施，遵循“革、水、密、风、护、管、教、查”八字方针。不能用棉纱口罩和医用口罩代替防尘口罩。

25. 工作中接触化学有害因素应注意预防化学中毒，严格执行操作规程，加强工作场所通风，规范佩戴个人防护用品，定期参加职业健康检查。

26. 工作中接触硫化氢、一氧化碳等有害气体应注意预防窒息和刺激性气体中毒，严格执行操作规程，定期检修设备，防止生产过程中的“跑、冒、滴、漏”，加强通风和日常监测，作业场所设置警示标识，装置自动报警设备，正确佩戴供氧式防毒面具。

27. 工作场所长期接触高强度噪声可导致听力损伤甚至耳聋，应做好噪声源和噪声传播的控制，规范佩戴防噪声耳塞或耳罩，并定期进行职业健康检查。

28. 长时间在高温高湿环境中工作要注意预防中暑，严重中暑可致死亡，应合理设计工艺流程，采取通风降温、隔热等技术措施，供给含盐清凉饮料、补充营养，特殊高温作业劳动者须佩戴隔热面罩和穿着隔热、阻燃、通风防热服。

29. 工作中接触放射线可能导致急、慢性放射性疾病，癌症或遗传疾患。从事放射工作作业时，应正确使用放射防护用品，正确佩戴个人剂量计。进入可能存在大剂量的放射工作场所时，需携带报警式剂量仪。

30. 长期伏案低头作业、固定体位作业或前倾坐姿工作要通过伸展活动、间歇性休息等方式，避免颈椎病、肩周炎和腰背痛的发生。

31. 长期站姿作业要通过适当走动等方式保持腰部、膝盖放松，防止静脉曲张。

32. 工作压力过大或暴露于极端场景可能会损害身心健康，要积极学习心理健康知识，或寻求专业帮助予以缓解。

33. 抑郁、焦虑可有效防治，需及早评估，积极治疗。

34. 合理膳食、适量运动、戒烟限酒、心理平衡，有利于维护和促进身心健康。

35. 知晓获取职业健康信息和服务的途径。

36. 知晓本岗位职业病防治规章制度和操作规程。

37. 理解本岗位职业病危害警示标识和说明。

38. 理解本岗位有关的职业病危害因素检测结果和建议。

39. 遇到急性职业伤害时，能够正确自救、互救并及时报告。

40. 需要紧急医疗救助时，能拨打120或合作医疗机构联系电话。

41. 体表被放射性核素污染时，能够立即实施去污洗消；放射性核素进入体内时，能够尽快寻医进行阻吸收和促排。

42. 出现心理问题，懂得向心理健康热线或医疗机构寻求专业帮助。

43. 发生工作场所暴力或骚扰时，能主动报告或报警。

44. 遵守与职业健康相关的法律法规、规章制度和操作规程。

45. 积极参与用人单位的职业健康民主管理，对职业病防治工作提出意见和建议。

46. 积极参加职业健康教育与培训，主动学习和掌握职业健康知识和防护技能。

47. 正确使用和维护职业病防护设备并能判断其运行状态。

48. 正确选用和规范佩戴个人防护用品。

49. 正确识别有机溶剂有毒成分。

50. 正确使用工作场所冲洗和喷淋设备。

51. 进入受限空间作业要做到一通风、二检测、三监护。

52. 发现职业病危害事故隐患应当及时报告。

53. 从事接触职业病危害作业应积极参加上岗前、在岗期间和离岗时的职业健康检查，关注检查结论，并遵循医学建议，需复查的要及时复查。

54. 发现所患疾病可能与工作有关，及时到职业病防治专业机构进行咨询、诊断、治疗和康复。

55. 避免长时间连续工作或不良姿势作业，合理安排工间休息和锻炼。

56. 了解身心健康状况，懂得自我健康管理。

57. 积极学习心理健康知识，增强维护心理健康的能力。

58. 用科学的方法缓解压力，不逃避，不消极。

59. 理解和关怀精神心理疾病患者，不歧视，不排斥。

60. 掌握其他传染病防治相关知识和技能，养成良好卫生习惯，加强自我防护意识。

3. 职业病与工伤

（1）职业病的概念。

职业病的概念分为广义的和狭义的，广义的是指企业、事业单位和个体经济组织等用人单位的劳动者在职业活动中，因接触粉尘、放射性物质和其他有毒、有害因素而引起的疾病。狭义的是指由于社会保障的需要，每个国家根据各自的具体情况，由国家的政府部门以法律法规形式规定了职业病范围，称为法定职业病，经确诊后则享有政府规定的劳动劳保待遇。

工作相关疾病是指一切与工作有关联的疾病、伤害等健康问题。广义地说，职业病也属于工作相关疾病。工作相关疾病过去曾称为职业性多发病，与职业病有一定区别。常见的工作相关疾病，如行为（精神）和身心的疾病，包括精神焦虑、忧郁、神经衰弱症候群，是由于工作繁重、夜班工作、饮食失调、过量饮酒、吸烟等因素导致。有时由于对某一职业危害因素产生恐惧心理，而致精神紧张、脏器功能失调也属于工作相关疾病。

（2）法定职业病的构成条件。

构成法定职业病需要满足以下 4 个条件：

条件一：患病主体必须是用人单位的劳动者。

条件二：必须是在从事职业活动过程中产生的。

条件三：必须是因接触粉尘、放射性物质和其他有毒、有害等职业病危害因素而引起的疾病。

条件四：必须是国家公布的《职业病分类和目录》所列的职业病。

（3）职业病分类及常见职业病。

2013 年 12 月 23 日，国家卫生计生委、人力资源和社会保障部、安全监管总局、全国总工会 4 部门联合印发《职业病分类和目录》。该目录将职业病分为 10 大类 132 种。

第一类：职业性尘肺病及其他呼吸系统疾病。如矽肺、煤工尘肺、石墨尘肺、石棉肺等 13 种尘肺，以及过敏性肺炎、棉尘病、哮喘等 6 种。

第二类：职业性皮肤病。如接触性皮炎、光接触性皮炎、电光性皮炎等 9 种。

第三类：职业性眼病。如化学性眼部灼伤、电光性眼炎、白内障（含辐射性白内障、三硝基甲苯白内障）。

第四类：职业性耳鼻喉口腔疾病。如噪声聋、铬鼻病、牙酸腐蚀病和爆震聋。

第五类：职业性化学中毒。如铅及其化合物中毒（不包括四乙基铅）、汞及其化合物中毒、锰及其化合物中毒等 60 种。

第六类：物理因素所致职业病。如中暑、减压病、航空病等 7 种。

第七类：职业性放射性疾病。如外照射急性放射病、外照射亚急性放射病、外照射慢性放射病等 11 种。

第八类：职业性传染病。如炭疽、森林脑炎、布鲁氏菌病等 5 种。

第九类：职业性肿瘤。如石棉所致肺癌、间皮瘤等 11 种。

第十类：其他职业病。如金属烟热等 3 种。

（4）工伤。

工伤是指劳动者在从事职业活动或者与职业责任有关的活动时所遭受的事故伤害和职业病伤害。工伤的认定需要根据工伤的情形来判定，以下是 7 项被认定为工伤的情形：

①在工作时间和工作场所内，因工作原因受到事故伤害的。

②工作时间前后在工作场所内，从事与工作有关的预备性或者收尾性工作受到事故伤害的。

③在工作时间和工作场所内，因履行工作职责受到暴力等意外伤害的。

④患职业病的。

⑤因工外出期间，由于工作原因受到伤害或者发生事故下落不明的。

⑥在上下班途中，受到机动车事故伤害的。

⑦法律、行政法规规定应当认定为工伤的其他情形。

我国法定职业病纳入工伤进行管理，确诊为职业病的，经过人力资源和社会保障部门的劳动能力鉴定，可以认定工伤。

2006 年国家发布了《职工工伤与职业病致残程度鉴定标准》（GB/T 16180-2006），并于 2014 年进行了修订，其中将职工工伤与职业病致残等级分为 10 级。

4. 职业病危害因素

职业病危害因素是指在职业活动中产生或存在的可能对职业人群健康、安全和作业能力造成不良影响的因素或条件，包括化学、物理、生物等因素。职业病危害因素按其来源可分为以下 3 大类：

（1）生产工艺过程中产生的有害因素。

按危害因素的性质分为粉尘、化学因素、物理因素、放射性因素、生物因素、其他因素 6 大类别。根据《职业病危害因素分类目录》具体为：

第一类：粉尘。主要包括矽尘（游离二氧化硅含量≥ 10%）、煤尘、石墨尘、炭黑尘等。主要是在煤炭、矿山开采行业工作中容易接触，可能导致的职业病包括矽肺、煤工尘肺、石墨尘肺、炭黑尘肺等。

第二类：化学因素。主要包括铅及其化合物（铅尘、铅烟、铅化合物）、汞及其化合物（汞、氯化汞、汞化合物）、锰及其化合物（锰烟、锰尘、锰化合物）等。可能导致的职业病有铅及其化合物中毒、汞及其化合物中毒、锰及其化合物中毒等，主要是在化工厂、油漆厂、冶金厂、炼油厂中工作时容易接触。

第三类：物理因素。主要包括噪声和振动、异常气象条件、紫外线、激光等。如工人经常在高温环境中工作导致中暑，或者经常在高气压或低气压环境下工作容易患减压病、高原病等。

第四类：放射性因素。主要包括密封放射源产生的电离辐射、非密封放射性物质、X 射线装置产生的电离辐射、加速器产生的电离辐射等。一些从事射线诊断的医务人员、使用放射性核素或 X 线机探伤的工人、核反应堆或加速器的工作人员，他们通常会受到超剂量限值的照射，当累计剂量达到一定程度后可引起外照射放射病。

第五类：生物因素。主要包括艾滋病病毒（仅限于医疗卫生人员及人民警察）、布鲁氏菌病等。医护人员通过接触液体接触到生物性有害因素，如携带病毒或者细菌的血液、尿液或细胞培养等导致患有相应传染病。

第六类：其他因素。主要包括金属烟、井下不良作业条件（仅限于井下工人）、刮研作业（仅限于手工刮研作业人员）。

（2）劳动过程中的有害因素。

劳动组织和劳动制度不合理：例如，劳动时间过长，休息制度不合理、不健全等。

劳动中的精神（心理）过度紧张，劳动强度过大或劳动安排不当：例如，安排的作业与劳动者生理状况不相适应，生产定额过高、超负荷加班加点等。

个别器官或系统过度紧张：例如，长时间疲劳用眼引起的视力疲劳，长时间处于某种不良体位或使用不合理的工具等。

（3）生产环境中的有害因素。

生产场所设计不符合卫生标准或要求：例如，厂房低矮、狭窄，布局不合理，有毒和无毒的工段安排在一起等；缺乏必要的卫生技术设施，例如，没有通风换气、照明、防尘防毒、防噪声振动设备，或效果不好；职业病危害防护设施和个人防护用品方面不全。

在实际的生产场所中职业病危害因素往往不是单一存在，而是多种因素同时对劳动者的健康产生作用，这种情况危害更大。

5. 职业健康三级预防

《中华人民共和国职业病防治法》第三条规定，职业病防治工作坚持预防为主、防治结合的方针。这是我国职业病防治工作的总方针。由于目前世界上对某些职业病无有效的根治手段，劳动者一旦患有此类职业病，通常情况下是不可逆转的。因此，职业病的关键在预防，我国确立了预防职业病危害应遵循三级预防的原则：

（1）一级预防又称病因预防，即从根本上消除和控制职业病危害因素，防止职业病的发生。一级预防原则指导下的预防措施包括以下几个方面：

①技术措施。以无毒物质代替有毒物质，使用远距离操作或自动化、半自动化操作，防止有害物质“跑、冒、滴、漏”；加强通风、除尘、排毒措施。

②组织措施。合理组织、安排劳动过程，建立、健全劳动制度，贯彻执行国家制定的卫生法规。

③卫生保健措施。做好就业前身体检查，发现易感者和就业禁忌证；做好卫生宣传、健康教育；注意平衡膳食和保健食品供给，加强锻炼，提高机体抵抗力。

（2）二级预防又称临床前期预防，通过早期发现、早期诊断、早期治疗防止病损的发展。二级预防原则指导下的预防措施包括以下几个方面：

①对职业接触人群开展普查、筛检、定期健康检查，明确诊断，及时治疗。

②定期对生产环境进行监测，发现问题立即采取防治对策。

（3）三级预防又称临床预防，患者在明确诊断后，得到及时、合理的处理，防止疾病恶化及复发，防止劳动能力丧失。对慢性职业病患者，通过医学监护，预防并发症和伤残。通过功能性和心理康复治疗，做到病而不残，残而不废，达到延长寿命的目的。三级预防原则指导下的预防措施包括以下几个方面：

①贯彻落实有关职业卫生和职业病防治的法律法规和卫生标准。

②生产工艺采用新技术、新工艺，可少产生或不产生有害因素。

③改进通风和防护设备，控制有害因素的危害。

④加强个体防护。

⑤进行现场职业卫生调查。

⑥做好日常的职业卫生预防（监测、查体、教育、健康监护等）。

快问快答

问题 1：何为职业病？

答案：职业病是指企业、事业单位和个体经济组织（统称用人单位）的劳动者在职业活动中，因接触粉尘、放射性物质和其他有毒、有害的物理、化学等因素而引起的疾病。

问题 2：我国法定职业病共有几大类？共计多少种？

答案：共有 10 大类，共计 132 种。

问题 3：构成职业病需要满足以下哪几个条件？［多选］

A. 患病主体必须是用人单位的劳动者

B. 必须是在从事职业活动过程中产生的

C. 必须是因接触粉尘、放射性物质和其他有毒、有害等职业病危害因素而引起的疾病

D. 必须是国家公布的《职业病分类和目录》所列的职业病

答案：ABCD

问题 4：职业病危害因素共包含几类？分别是哪几类？

答案：6 大类。分别为：粉尘、化学因素、物理因素、放射性因素、生物因素、其他因素。

问题 5：职业病危害遵循的三级预防的原则是哪些内容？

答案：第一级预防为病因预防；第二级预防为临床前期预防；第三级预防为临床预防。

2 第二章 常见职业病危害因素及其危害

在生产环境中存在的各种职业病危害因素会损害职业人群健康、影响劳动能力，在实际生产场所和过程中，往往同时存在多种有害因素，对职业人群的健康产生联合作用，加剧了对职业人群的健康损害。

一、认识生产性粉尘

生产性粉尘指在生产活动中产生的能够较长时间漂浮于生产环境中的固体颗粒物，是污染作业环境、损害劳动者健康的重要职业性有害因素，可引起包括尘肺病在内的多种职业性肺部疾患。许多生产性粉尘在形成之后，表面还能吸附其他的气态或液态有害物质，成为其他有害物质的载体。

1. 常见的生产性粉尘种类

人类各种生产活动和生活活动中可产生大量的粉尘，自然界的风化腐蚀随着气体的流动也会产生粉尘。工业生产中使用外力和机械对固体物质进行加工是生产性粉尘的主要来源，其主要有以下几类：

（1）固体物质的机械加工或粉碎，如矿石的开采、钻孔、粉碎、研磨、打光、切削等。

（2）金属冶炼和加热过程中产生的蒸气在空气中遇冷后凝集形成固体微粒状的烟雾，如熔炼、焊接、浇铸及金属加工产生的金属烟雾粉尘等。

（3）有机物质不完全燃烧所形成的微粒，如木材、油、煤燃烧时所产生的烟尘等。

（4）铸件的翻砂，清砂粉状物质的混合、过筛、包装、搬运等操作过程中，以及沉积的粉尘由于振动或气流运动，使沉积的粉尘浮游于空气中（产生二次扬尘）也是生产性粉尘的来源。

生产性粉尘的分类通常有两种方法，一种是按粉尘粒径的大小分类，另一种是按粉尘的性质分类。

粉尘粒径的大小决定了其在人体呼吸系统内沉降的位置以及对人体健康的危害程度。根据粉尘粒径大小将粉尘分为总粉尘和呼吸性粉尘两类。总粉尘指可进入整个呼吸道（鼻、咽、喉、胸腔支气管、细支气管和肺泡）的粉尘，技术上可以用总粉尘采样器按标准方法在呼吸带测到所有粉尘。呼吸性粉尘指按呼吸性粉尘标准测定方法所采集的可进入肺泡的粉尘粒子，其空气动力学直径均在 7.07 微米以下，空气动力学直径 5 微米粉尘粒子的采样效率为 50%。呼吸性粉尘能沉积于肺泡，对人体危害很大。

按粉尘的性质可将粉尘分为以下 3 类：一是无机粉尘，包括矿物性粉尘如石英、石棉、滑石、煤、稀土等；金属性粉尘如铅、锰、铁、铍、锡、锌等及其化合物；人工无机粉尘如金刚砂、水泥、玻璃纤维等。二是有机粉尘，包括动物性粉尘如皮毛、丝、骨、角质等；植物性粉尘如棉、麻、谷物、甘蔗、烟草、茶、木尘等；人工有机粉尘如农药、有机染料、合成树脂、橡胶、人造有机纤维等。三是混合性粉尘，在生产环境中，多数情况下为两种以上粉尘混合存在，如煤矿工人接触的煤矽尘，金属制品加工研磨时的金属和磨料粉尘、皮毛加工的皮毛和土壤粉尘等混合性粉尘。在职业健康工作中，常依据粉尘性质，初步判断其对人体危害的程度。

2. 工作中接触生产性粉尘的机会

目前，生产性粉尘是我国最主要的职业病危害因素，尘肺病是我国最主要的职业病。工业生产过程中粉尘随处存在，接触生产性粉尘的主要职业及工种有：

（1）矿山开采业。各种煤矿山、金属矿山及非金属矿山的开采是主要产生生产性粉尘的行业，也是尘肺病危害最严重的行业。在金属或非金属矿山接触粉尘最多的工种是凿岩工、放炮工、支柱工、运输工等，在煤矿接触粉尘最多的工种是掘进工、采煤工、搬运工等。矿山开采业使用风动工具凿眼、爆破，特别是干式作业（干打眼）可产生大量的粉尘。20 世纪 50 年代的干式作业，导致 20 世纪 60 年代尘肺病的高发，随着湿式（湿式凿岩机）作业的推广，粉尘浓度明显降低，尘肺病的发生也随之下降。在煤矿采用综合采煤机械后，由于作业面大，机械粉碎力大，煤矿粉尘浓度仍然很高。目前大量涌现的小煤窑、小金矿及其他矿山开采，由于技术条件限制，劳动者从事此类工作，会接触大量的粉尘。

（2）机械制造业。其包括制造金属铸件和使用黏土。铸造模具所使用的原料主要是天然砂，由于对铸件的要求不同，铸造模具所使用的原料也不同，有些原料二氧化硅含量可达 70%～90%。黏土主要是高岭土和膨润土，其为硅酸盐。机械制造业主要接触粉尘的工作包括配砂、混砂、成型以及铸件的打箱、清砂等。随着铸造工艺的改革，一些铸件的砂型使用石灰石原砂代替石英砂，铸造行业的矽肺发病率随之明显下降。

（3）冶炼业。金属冶炼中矿石的粉碎、烧结、选矿等，可产生大量的粉尘，冶炼工人广泛分布在钢铁冶炼和其他金属冶炼业中。

（4）建筑材料业。石料的开采、加工、粉碎、过筛以及陶瓷中原料的混配、成型、烧炉、出炉和搪瓷，可产生大量的二氧化硅粉尘和硅酸盐粉尘。

（5）筑路业。铁道、公路修建中的隧道开凿及铺路。

（6）水电业。水利电力行业中的隧道开凿、地下电站建设。

（7）其他。如石碑、石磨加工、制作等。

3. 生产性粉尘对健康的损害

所有粉尘颗粒对身体都是有害的，不同特性的生产性粉尘，可能引起机体不同部位和程度的损害。如可溶性有毒粉尘进入呼吸道后，能很快被吸收进入血液，引起中毒；某些硬质粉尘可机械性损伤角膜及结膜，引起角膜浑浊和结膜炎等；粉尘堵塞皮脂腺和机械性刺激皮肤时，可引起粉刺、毛囊炎、脓皮病及皮肤皲裂等；粉尘进入外耳道混在皮脂中，可形成耳垢等。生产性粉尘对机体的损害是多方面的，直接的健康损害以呼吸系统损害为主，局部以刺激和炎性作用为主。

（1）对呼吸系统的影响。机体受粉尘影响最大的是呼吸系统，包括尘肺、粉尘沉着症、呼吸道炎症和呼吸系统肿瘤等疾病。

（2）局部作用。粉尘作用于呼吸道黏膜，早期引起其功能亢进，黏膜下毛细血管扩张，充血，黏液腺分泌增加，以阻留更多的粉尘，长期则形成黏膜肥大性病变，由于黏膜上皮细胞营养不足，造成萎缩性病变，呼吸道抵御功能下降。皮肤长期接触粉尘可导致阻塞性皮脂炎、粉刺、毛囊炎、脓皮病。金属粉尘还可引起角膜损伤、浑浊。沥青粉尘可引起光感性皮炎。

（3）中毒作用。粉尘吸附或者含有的可溶性有毒物质如铅、砷、锰等，可在呼吸道黏膜很快溶解吸收，呈现出相应毒物的急性中毒症状。粉尘颗粒粒径越小，其表面积越大，吸附的化学物质越多，可能引起更大的健康危害。

（4）致癌作用。某些粉尘本身含有致癌物，如石棉、游离二氧化硅等，含有这些物质的粉尘可能引发呼吸和其他系统肿瘤。此外，放射性粉尘也能引起呼吸系统肿瘤。

延伸阅读

生产性粉尘对呼吸系统的影响

1. 尘肺病。尘肺是由于在生产环境中长期吸入生产性粉尘而引起的以肺组织纤维化为主的疾病。尘肺是职业性疾病中影响面最广、危害最严重的一类疾病。据统计，尘肺病例约占我国职业病总人数的80%以上。根据多年临床观察、胸部X线检查、病理解剖和实验研究的资料，我国按病因将尘肺分为5类。

（1）矽肺：由于长期吸入游离二氧化硅含量较高的粉尘引起。

（2）硅酸盐肺：由于长期吸入含有结合二氧化硅的粉尘如石棉、滑石、云母等引起。

（3）炭尘肺：由于长期吸入煤、石墨、炭黑、活性炭等粉尘引起。

（4）混合性尘肺：由于长期吸入含游离二氧化硅粉尘和其他粉尘如煤尘等引起。

（5）金属尘肺：由于长期吸入某些致纤维化的金属粉尘如铝尘引起。

我国2013年公布实施的《职业病分类和目录》中，规定了12种尘肺名单，即矽肺、石棉肺、煤工尘肺、石墨尘肺、炭黑尘肺、滑石尘肺、水泥尘肺、云母尘肺、陶工尘肺、铝尘肺、电焊工尘肺及铸工尘肺。此外根据《职业性尘肺病的诊断》（GBZ 70-2015）和《职业性尘肺病的病理诊断》（GBZ 25-2014）将可以诊断的其他尘肺列为第13种尘肺。

2. 有机粉尘引起的肺部病变。有机粉尘的生物学作用不同于无机粉尘，如吸入棉、亚麻或大麻尘引起的棉尘病，常表现为休息后第一天上班未出现胸闷、气急和（或）咳嗽症状，可有急性肺通气功能改变；吸入带有霉菌孢子的植物性粉尘，如草料尘、粮谷尘、蔗渣尘等，或者吸入被细菌或血清蛋白污染的有机粉尘可引起过敏性肺炎。

3. 金属及其化合物尘肺和硬金属肺病。有些生产性粉尘如锡、铁、锑、钡等金属及其化合物粉尘吸入后，主要沉积于肺组织中，呈现异物反应，这类病变又称金属及其化合物粉尘肺沉着病；接触硬金属钨、钛、钴等，可引起硬金属肺病。

4. 其他呼吸系统疾患。在粉尘进入的部位积聚大量的巨噬细胞，导致炎性反应，引起粉尘性气管炎、支气管炎、肺炎、哮喘性鼻炎和支气管哮喘等疾病。由于粉尘诱发的纤维化，粉尘肺沉积和炎症作用，还常引起肺通气功能的改变，表现为阻塞性肺病；刺激性化学物所致慢性阻塞性肺病也是粉尘接触作业人员常见疾病。在尘肺病人中还常并发肺气肿、肺心病等疾病。长期的粉尘接触还常引起机体抵抗功能下降，容易发生肺部非特异性感染，肺结核也是粉尘接触人员易患疾病。

4. 人体防御粉尘的三道防线

粉尘通过呼吸道、眼睛、皮肤等进入人体，其中以呼吸道为主要途径。人体对吸入的粉尘具备有效的防御和清除作用，一般认为有三道防线。

第一道防线为鼻腔、喉、气管支气管树的阻留作用：大量粉尘粒子随气流吸入时通过撞击、截留、重力沉积、静电沉积作用阻留于呼吸道表面。气道平滑肌对异物的反应性收缩可使气道截面积缩小，减少含尘气流的进入，增大粉尘截留，并可启动咳嗽和喷嚏反射，排出粉尘。

第二道防线为呼吸道上皮黏液纤毛系统的排出作用：呼吸道上皮细胞表面的纤毛和覆盖其上的黏液组成黏液纤毛系统。在正常情况下，阻留在气道内的粉尘黏附在气道表面的黏液层上，纤毛向咽喉方向有规律地摆动，将黏液层中的粉尘移出。但如果长期大量吸入粉尘，黏液纤毛系统的功能和结构会遭到严重损害，其粉尘清除能力极大降低，从而导致粉尘在呼吸道滞留。

第三道防线为肺泡巨噬细胞的吞噬作用：进入肺泡的粉尘黏附在肺泡腔表面，被肺泡巨噬细胞吞噬，形成尘细胞。大部分尘细胞通过自身阿米巴样运动及肺泡的舒张转移至纤毛上皮表面，再通过纤毛运动而清除。小部分尘细胞因粉尘作用受损，坏死、崩解，尘粒游离后再被巨噬细胞吞噬，如此循环往复。此外，尘细胞和尘粒可以进入淋巴系统，沉积于肺门和支气管淋巴结，经淋巴循环进入血液循环到达其他脏器。

呼吸系统通过上述作用可使进入呼吸道的绝大部分粉尘在 24 小时内被排出。人体通过各种清除功能，可排出进入呼吸道的 97%～99% 的粉尘，约 1%～3% 的尘粒沉积在体内。如果长期吸入粉尘可削弱上述各项清除功能，导致粉尘过量沉积，造成肺组织病变。

5. 影响粉尘致病的因素

粉尘的化学性质以及粉尘在肺内的蓄积量决定了粉尘对人体危害的性质和程度。

（1）粉尘的化学性质。粉尘的化学组成是决定粉尘生物学作用的主要因素，不同化学成分的粉尘可导致纤维化、中毒和致敏作用等。矿物粉尘致肺纤维化能力的强弱，主要决定于粉尘中致纤维化粉尘的性质及含量。致纤维化粉尘的含量越高，其致纤维化作用越强，病变发生越快，病情进展也越快，其中致纤维化能力最强的粉尘是游离二氧化硅粉尘。

（2）粉尘的分散度。分散度是指生产过程中物质被粉碎的程度，粉尘中粒径和质量小的颗粒越多，分散度就越高，反之其分散度就越低。不同的生产过程和生产工艺所产生的粉尘颗粒的大小组成比例也不同。粉尘颗粒的分散度越高，在空气中飘浮的时间就越长，被吸入的可能性就越大。而较大的粉尘颗粒会很快在空气中沉降，吸入的可能性较低，即使被吸入，也会被阻留在上呼吸道，难以到达下呼吸道和肺泡。一般认为，粒径小于 15 微米的粉尘可进入呼吸道，其中 10～15 微米的粉尘主要沉积在上呼吸道，因此把粒径小于 15 微米的尘粒称为可吸入性粉尘；5 微米以下的粉尘可到达呼吸道深部和肺泡区，称为呼吸性粉尘。

（3）粉尘的浓度和接触时间。同样生产过程产生的粉尘，化学性质和分散度相同时，其致病作用的强弱主要和浓度有关。粉尘的浓度特别是呼吸性粉尘的浓度越高，吸入的量就越大，可能沉积在肺内的粉尘也就越多，越容易发病。同一种粉尘，作业环境空气中浓度越高，暴露时间越长，对人体危害越严重。

（4）粉尘的荷电性。粉碎过程中产生的固体颗粒往往具有荷电性，即带有电荷的粉尘。另外，粉尘颗粒在流动过程中也可能因为互相摩擦或吸附空气中的其他离子而带电荷。带相同电荷的粉尘，颗粒间相互排斥，粉尘就不易聚集，便能更长时间地飘浮于空气中，因而人体吸入的可能性就大；带不同电荷的粉尘，互相能聚集成较大的颗粒，从而加速其沉降，人体吸入的可能性就减少。

（5）粉尘的形态和表面活性。球形颗粒在空气中的阻力小，易于沉降，而形状不规则的颗粒沉降较慢，悬浮时间则较长。致纤维化粉尘表面的生物活性也会影响致纤维化作用。新产生的粉尘颗粒表面有较多的自由基，对人体的损伤作用更强。

（6）粉尘的形状和硬度。粉尘颗粒形状多种多样，有块状、片状、针状、球状、线状等。粉尘因形状不同，在沉降时所受空气的阻力也不同。当粉尘作用于上呼吸道、眼黏膜和皮肤时，尘粒形状和硬度具有一定意义。锐利而坚硬的尘粒往往引起机械损伤较大，柔软的长纤维状有机粉尘，易沉着于气管、大中支气管的黏膜上，使呼吸道黏膜覆盖着一层绒毛样物质，易产生慢性支气管炎及气管炎。

（7）个体因素。常常在同一工种粉尘接触量相同的劳动者中，有一部分人发病，也有一部分人不发病或发病较轻，这是因为每个人的个体因素不相同。一些患有慢性呼吸系统疾病的劳动者，如慢性支气管炎、哮喘、肺气肿以及吸烟者容易受粉尘的危害，免疫状况差的人更易受粉尘的危害。

（8）个体防护。劳动者个体防护意识的强弱以及防护用品的选择和使用方法是否得当，也是影响粉尘致病作用的因素。

二、认识带来职业病危害的化学物

1. 常见的化学物种类

化学毒物的分类方法有多种，常用的分类方法为以下几类。

（1）金属和类金属。常见的金属和类金属毒物有铅、汞、锰、镍、铍、砷、磷及其化合物等。

（2）刺激性气体。刺激性气体是指对眼和呼吸道黏膜有刺激作用的气体。它是化学工业常遇到的有毒气体。刺激性气体的种类很多，常见的有氯、氨、氮氧化物、光气、氟化氢、二氧化硫、三氧化硫和硫酸二甲酯等。

（3）窒息性气体。窒息性气体是指能造成机体缺氧的有毒气体。窒息性气体可分为单纯窒息性气体、血液窒息性气体和细胞窒息性气体，常见的有氮气、甲烷、乙烷、乙烯、一氧化碳、硝基苯的蒸气、氰化氢、硫化氢等。

（4）农药。农药包括杀虫剂、杀菌剂、杀螨剂、除草剂等。农药的使用对保证农作物的增产起着重要作用，但是生产、运输、使用和储存过程中未采取有效的预防措施，可引起中毒。

（5）有机化合物。大多数有机化合物为有毒有害物质，如应用广泛的有机溶剂，苯、甲苯、二甲苯、二硫化碳、汽油、甲醇、丙酮等；苯的氨基和硝基化合物，苯胺、硝基苯等。

（6）高分子化合物。高分子化合物本身无毒或毒性很小，但在加工和使用过程中，可释放出游离单体对人体产生危害，如酚醛树脂遇热释放出苯酚和甲醛而具有刺激作用。某些高分子化合物由于受热、氧化而产生毒性更为强烈的物质，如聚四氟乙烯塑料受高热分解出四氟乙烯、六氟丙烯、八氟异丁烯，人体吸入后引起化学性肺炎或肺水肿。

2. 工作中接触化学物的机会

在化学工业制品泛滥的时代，人们生产活动中，有可能接触到以原料、成品、半成品、中间体、反应副产物和杂质等形式存在的毒物。化工、冶金、制药等使用有机溶剂的企业，职业性化学中毒事故易发。当车间通风不畅、有毒有害物质聚积时，会对作业人员的健康构成危害，引发职业性化学中毒。化学毒物可能出现在生产的重点环节有：

（1）原料开采与提炼。开采过程中可形成粉尘，如锰矿中的锰尘；逸散出蒸气，如汞矿；提炼过程中可产生大量蒸气或烟，如炼铅。

（2）材料搬运与储存。液态材料因包装渗透而经皮肤进入人体，如苯的氨基、硝基化合物；储存气态毒物的钢瓶泄漏可经呼吸道进入人体。

（3）加料。在加料过程中，固态原料可导致粉尘飞扬，液态原料有蒸气逸出或有液体飞溅。

（4）化学反应。某些化学反应如控制不当或加料失误可导致意外事故发生，如产热或产气的反应进行太快可发生冒锅或冲料，使物料喷出反应釜，化学反应过程中释放出有毒气体或蒸气，有的可同时带出有害雾滴。

（5）工业三废处理。工业生产中产生的废气、废水、废渣含有多种有毒有害物质，如二氧化碳、二硫化碳、硫化氢、氟化物、汞等。

（6）检修。管道、设备维修、检修、容器清洗等过程可有气体逸出，或有液体溢出、喷溅而污染双手或体表等。

（7）其他。如进入地窖、阴沟、矿井下废巷道或清除化粪池时，会有硫化氢逸出等。

3. 化学毒物侵入人体的途径

毒物可经呼吸道、消化道和皮肤侵入体内。在工业生产中，毒物主要经呼吸道和皮肤侵入体内。

（1）呼吸道。呼吸道是工业生产中毒物进入体内最重要的途径。凡是以气体、蒸气、雾、烟、粉尘形式存在的毒物，均可经呼吸道进入体内。人的肺脏由亿万个肺泡组成，肺泡壁很薄，壁上有丰富的毛细血管，毒物一旦进入肺脏，很快就会通过肺泡壁进入血液循环而被运送到全身。通过呼吸道吸收最重要的影响因素是其在空气中的浓度，浓度越高，吸收越快。

（2）皮肤。在工业生产中，毒物经皮肤吸收引起中毒也比较常见。脂溶性毒物经表皮吸收后，还需有水溶性，才能进一步扩散和吸收，所以水、脂皆溶的物质，如苯胺，易被皮肤吸收。

（3）消化道。在工业生产中，毒物经消化道吸收多半是由于个人卫生习惯不良，手沾染的毒物随进食、饮水或吸烟等而进入消化道。进入呼吸道的难溶性毒物被清除后，可经由咽部被咽下而进入消化道。

4. 化学物的毒性及其健康损害

目前世界上大约有 800 万种化学物质，其中常用的化学品就有 7 万多种，而且每年还有上千种新的化学品问世。在品种繁多的化学品中，有许多是有毒化学物质，在生产、使用、储存和运输过程中有可能对人体产生危害，甚至危及人的生命和造成巨大灾难性事故。

有毒物质对人体的危害主要分为急性、亚急性和慢性中毒。毒物一次短时间内大量进入人体后可引起急性中毒；小量毒物长期进入人体所引起的中毒称为慢性中毒；介于两者之间者，称之为亚急性中毒。接触毒物不同，中毒后出现的症状也不一样。毒物引起的中毒往往是多器官、多系统的损害。如常见毒物铅可引起神经系统、消化系统、造血系统及肾脏损害；三硝基甲苯中毒可出现白内障、中毒性肝病、贫血、高铁血红蛋白血症等。同一种毒物引起的急性中毒和慢性中毒其损害的器官及表现也可有很大差别，如苯急性中毒主要表现为对中枢神经系统的麻醉作用，而慢性中毒主要表现为造血系统的损害。

5. 影响化学物毒性的因素

（1）化学因素。化学结构、理化性质（脂水分配系数、电离度、挥发度和蒸汽压、分散度）、不纯物含量、接触毒物途径及溶媒（静脉注射 > 腹腔注射 > 肌肉注射 > 经口 > 经皮）。

（2）环境因素。气温（高温促进毒物的吸收，同时造成经肾脏排泄的毒物在体内存留时间延长）、气压、气湿（高气湿环境可使经皮肤接触吸收的化学毒物吸收速度加快）、季节和昼夜规律等。

（3）机体因素。物种间差异、个体差异（性别、年龄、营养与健康状态）。

（4）化合物的联合作用。相加作用、独立作用、协同作用、拮抗作用等。

三、认识带来职业病危害的物理因素

物理因素一般多为自然存在，从卫生学角度来看，物理因素的主要特点是以能量的形式存在于工作场所中并作用于人体。随着我国产业结构调整和升级，新的职业病危害不断出现。其中，物理因素所致职业病发病例数不断增多，成为危害劳动者健康的新问题。

1. 噪声与生产性噪声

噪声是一种影响范围很广的职业病危害因素。噪声是声音的一种，具有声音的基本物理特性。在许多生产劳动过程中，劳动者都有可能接触到噪声。从卫生学意义上讲，凡是使人感到厌烦、不需要或有损健康的声音都称为噪声。此外，其他各种声音，如谈话的声音或音乐，对于不需要的人来说，也属于噪声。

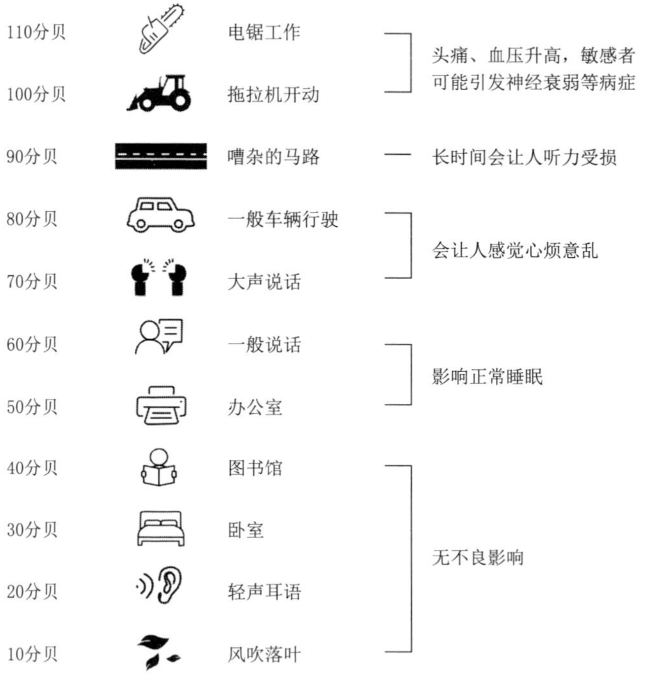

图 2–1　不同分贝声音与人的听觉感受

生产性噪声又称为工业噪声，是指在生产过程中产生的，其频率和强度没有规律，听起来使人感到厌烦的声音。根据噪声随时间分布情况，生产性噪声可分为连续性噪声和间断性噪声，其具有以下特点：

（1）强度高。生产性噪声的强度多超过 80 分贝，甚至高达 110 分贝。

（2）高频噪声所占比例大。长期在高频噪声环境中更易导致听神经的损伤。

（3）接触噪声时间长。接触噪声的时间通常以每个工作日时长来计算。

（4）常与振动、低温等其他职业病危害因素并存，进一步加重噪声的健康损害作用。

长期接触一定强度的噪声，会对人体产生不良影响。主要是影响听觉系统，表现为听觉疲劳、噪声性耳聋等。此外，该影响为全身性的，还对神经系统、心血管系统、消化系统、免疫系统等造成一定影响。

延伸阅读

生产性噪声的分类

1. 机械性噪声。由于机械的撞击、摩擦、转动所产生的噪声，如冲压、切割、打磨机械等发出的声音。

2. 流体动力性噪声。气体压力或体积的突然变化或流体流动所产生的声音，如空气压缩或释放（汽笛）等发出的声音。

3. 电磁性噪声。由于电磁设备内部交变应力相互作用而产生的声音，如变压器所发出的声音（在大型变电站更加明显）。

根据噪声随时间分布情况，生产性噪声可分为连续性噪声和间断性噪声。连续性噪声随时间的变化程度，又分为稳态噪声和非稳态噪声。随着时间的变化，声压波动小于3分贝的噪声称为稳态噪声，大于3分贝的噪声称为非稳态噪声。稳态噪声根据频率特性可分为低频噪声（主频率在300赫兹以下）、中频噪声（主频率在300～800赫兹）和高频噪声（主频率在800赫兹以上）。此外，还可以根据频率范围分为窄频带噪声和宽频带噪声。

影响噪声对机体作用的因素主要有：

（1）噪声的强度和频谱特性。噪声的危害随噪声强度的增加而增加，噪声强度越大，危害则越大。除声音强度外，声音频率对人体的健康也有影响。高频噪声对人体的健康损害作用比低频噪声大。

（2）接触时间和方式。噪声强度一定时，接触时间越长，噪声对人体造成的健康损害程度越大。连续接触噪声比间断接触噪声对人体影响更大。

（3）噪声的性质。脉冲噪声比稳态噪声危害大，接触脉冲噪声的劳动者患耳聋、高血压及中枢神经系统异常的概率明显高于接触稳态噪声的劳动者。

（4）与其他有害因素的联合作业。如噪声与振动、低温等其他职业病危害因素共存时，可加大噪声对人体的不良作用。

（5）机体健康状况及个体敏感性。相同条件下，对噪声敏感的个体，或本身罹患耳病者，可加重噪声对人体的危害。

（6）个体防护。个体防护是预防噪声危害的有效措施之一。正确使用个人防护用品可降低噪声对人体的危害。

快问快答

问题 1：想“逃离”噪声，该怎么做？

答案：（1）抑制噪声的振动。对于办公室的环境噪声，可以养绿色植物，如绿萝、龟背竹、常青藤等；也可以在室内铺设地毯，地毯可在一定程度上减少声音的传递。

（2）把噪声堵在耳朵处。积极佩戴耳塞，主动使用降噪耳机。

问题 2：怎样科学使用降噪耳机？

答案：（1）适合自己的耳朵很重要，一般来说，半入耳式耳机效果优于入耳式耳机，入耳式耳机效果优于头戴式耳机。

（2）选择适合的场景开启，降噪功能应该按需开启，不建议时刻保持使用，同时在不同的噪声环境下使用适合的降噪深度，避免噪声深度的不一致给耳朵造成额外压力。

（3）避免长时间佩戴，遵循 60-60 原则，即音量不要超过最大音量的 60%，连续听的时间不超过 60 分钟。

2. 全身振动与手传振动

振动是自然界中一种普遍的运动形式。振动是指质点或物体在外力作用下，沿直线或弧线围绕平衡位置或中心位置作往复运动或旋转运动，如气缸活塞的运动。由生产或工作设备产生的振动称为生产性振动，在生产劳动过程中，振动也是常见的职业病危害因素。在一定条件下，长期接触生产性振动对机体的健康可产生不良影响。

根据振动作用于人体的部位及传导方式，可将生产性振动分为全身振动和手传振动。全身振动是指通过地板和座椅传给整个人体的振动。手传振动又称手臂振动或局部振动，是指生产中使用或接触受振工件时，直接作用或传递到人手臂的机械振动或冲击。

在工作场所中产生振动的原因主要有：不平衡物体的转动、旋转物体的扭动和弯曲、活塞运动、物体的冲击、物体的摩擦、空气冲击波。

目前，职业接触较多、危害较大的生产性振动多来自以下几种类型的振动性工具或设备。

全身振动：运输工具，如汽车、火车、轮船等；振动台及其他重型机械，如钻井平台、振动筛操作台、采矿船等；农业机械，如拖拉机、收割机等。

手传振动：风动工具，如风铲、风钻、凿岩机等；电工工具，如电钻、电锯、电刨等；高速旋转工具，如砂轮机、钻孔机、抛光机等。

有些作业，可同时接触全身振动及手传振动，如摩托车驾驶。

适宜的振动有益于身心健康，具有增强肌肉活动能力、解除疲劳、减轻疼痛、促进代谢、改善组织营养、加速伤口愈合等功效。在生产条件下，劳动者接触的振动强度大、时间长，对机体可产生不良影响，甚至引起疾病。

长期接触全身振动可出现前庭器官刺激症状和自主神经功能紊乱，如眩晕、恶心、血压升高、心率加快、疲倦、睡眠障碍以及胃肠分泌、内分泌功能紊乱。

手传振动可以引起外周循环的改变，其典型表现为振动性白指，也可出现骨关节损害。此外，手传振动也可对人体产生全身性的影响，引起外周神经和中枢神经系统功能的改变，如感觉迟钝、痛觉减退等，自主神经功能的紊乱主要表现为手掌多汗等。

影响振动对机体作用的因素主要有：

（1）振动的频率。低频率、大振幅的全身振动主要作用于前庭、内脏器官；低频率、大振幅的手传振动，主要引起手臂关节系统的障碍，并可伴有神经、肌肉系统的变化。

（2）接触振动的强度和时间。振动的患病率和严重程度取决于接触振动的强度和时间。

（3）气温、噪声等环境因素。环境温度和湿度是影响振动危害的重要因素。低气温、高气湿可以加速疾病的发生发展。此外，寒冷是振动性白指的诱发条件。

（4）操作方式和个体因素。劳动负荷、工作姿势、技术熟练程度、加工部件的硬度等均能影响劳动者作业时的用力大小。

振动危害的预防措施包括个体防护和加强健康监护与日常卫生保健。

（1）个体防护。合理佩戴和使用个人防护用品，如减振手套、减振座椅等，可以减轻振动的危害。

（2）加强健康监护与日常卫生保健。劳动者应积极参加岗前及定期健康检查，争取早期发现、及时治疗。加强健康管理，提高自身健康意识。

3. 电磁辐射与电离辐射

电场和磁场的交互变化产生电磁波，电磁波向空中发射或泄漏的现象，叫电磁辐射。从广义上讲，电磁辐射根据频率或波长不同分为无线电波、微波、红外线、可见光、紫外线、X 射线和伽马射线。在电磁波谱中，高频率（短波长）电磁波的光子会比低频率（长波长）电磁波的光子携带更多的能量。X 射线和伽马射线携带的能量可以大到拥有破坏分子间化学键的能力，被称作电离辐射。如光子的能量不足以破坏分子间化学键，被称作非电离辐射，包括无线电波、微波、红外线、可见光和紫外线等，它们在电磁波谱中处于相对长的波长和低的频率一端。

（1）非电离辐射。

非电离辐射能量不足以破坏分子间化学键，不能使物质发生电离。非电离辐射是我们现代生活的重要组成部分，如电力应用（输变电、家用电器等）、微波（微波炉、微波信号发射塔等）、无线电波（手机移动通信、广播电视发射塔等）、紫外线（涂料固化、促进植物生长、诱杀蚊虫、杀菌、设备光刻等）。

非电离辐射在正常的情况下对人体的伤害很小，但超过一定限度则会对身体产生明显的影响。如微波超过 50 微瓦 / 平方厘米就会影响人体的中枢神经系统，出现头晕、头疼、睡眠质量差、记忆力减退等。如果微波再进一步增强会对循环系统产生一定的不利因素，如出现胸闷、气短、心悸，严重时还会出现呼吸困难。过量地接受紫外线照射也会危害人体健康，如使皮肤产生红斑、色素沉着、角质增生，引起紫外线角膜结膜炎（多见于电焊工，俗称电光性眼炎）。

（2）电离辐射。

电离辐射能量可以达到破坏分子间化学键的能力，使物质发生电离。X 射线、γ 射线、α 粒子、β 射线、中子、质子等都属于电离辐射。在放射工作场所的醒目位置一般都会设置电离辐射警告标志，易于辨识。

在人类生活的环境中，电离辐射无处不在、无时不有。人类生存的环境甚至整个宇宙都充满电离辐射，它的来源包括宇宙射线、陆地辐射、氡的吸入、含放射性核素的水和食物的摄入等。除天然辐射外，作为工作人员还可能会受到各种人工辐射的照射，主要包括核能生产（如核电站）、核技术应用（如工业探伤、工业辐照）、放射诊疗活动和核试验等。

电离辐射会对人体健康造成损害。其生物效应主要有两种，即随机性效应和确定性效应。随机性效应是指辐射诱发恶性肿瘤和遗传性疾病的概率随受照剂量的增加而增大，而严重程度与受照剂量无关。确定性效应是具有剂量阈值特征的细胞群的损伤，反应的严重程度随剂量的增加而增加。只有较大剂量照射才会发生这类有害的组织反应，如原子弹爆炸以及较大核与放射事故引发的放射病、放射性损伤等。

4. 高温与低温

高温作业是指在生产劳动过程中，工作地点湿球黑球温度指数大于或等于 25 摄氏度的作业。低温作业是指工作地点平均气温等于或低于 5 摄氏度的作业。

（1）高温作业。

按照气象条件的特点，可将高温作业分为高温、强热辐射作业，高温、高湿作业以及夏季露天作业。

①高温、强热辐射作业。其特点是气温高、热辐射强度大，相对湿度较低，形成干热环境，如冶金作业的炼焦、炼铁、轧钢等；机械制造行业的铸造、锻造、热处理等。

②高温、高湿作业。其特点是高气温、高气湿，而热辐射强度不大，如印染、造纸等工业中液体加热或蒸煮时，通常由通风不良而形成的高气温、高气湿和低气流的湿热环境。

③夏季露天作业。夏季气温较高时，从事室外作业，如夏季的农田劳动、建筑、搬运等露天作业，其特点是热辐射作用时间长，从而形成高温与热辐射的联合作业环境。

高温作业时，人体会出现一系列生理功能的改变，表现为全身发热，人体反射性地出现散热反应，皮肤血管扩张、出汗，以维持正常体温。此外，人体还会出现胃肠蠕动减慢、食欲缺乏等消化系统症状，神经、泌尿系统也会出现适应性变化。但是，人体对热适应有一定限度，超出限度会引起生理功能紊乱。

（2）低温作业。

低温作业是指寒冷季节从事室外或室内无采暖设备的作业，以及工作场所有冷源设备的作业，如林业、渔业、农业、矿业等。

低温环境对人体的主要影响是使人体体温下降，从而引起一系列保护性或代偿性的生理反应，如颤抖、身体表面血管收缩、代谢率升高、心率和呼吸率加速以及血液成分变化等，可造成局部性或全身性损伤，如冻伤或冻僵，甚至引起死亡。

延伸阅读

低温作业禁忌证

年龄在50岁以上且患有高血压、心脏病、胃肠功能障碍等疾病的人员，不宜从事低温作业。患有关节炎、雷诺氏综合征、末梢循环障碍、对寒冷敏感的人员，有冻伤、“冻疮”史的人员不宜从事冷水作业。另外，低温可诱发寒冷性荨麻疹及多形性红斑等皮肤病，也可诱发雷诺病，或者接触低温使原有症状加重。

女性在低温环境下为保持一定的体温而增加的机体负担要大于男性。要特别注意的是，在低温情况下，女性皮肤血管收缩的同时内脏淤血，可引起痛经加重。因此，女性在月经期不宜从事低温作业。

5. 高气压与低气压

气压即大气压强的简称，是空气的密集程度，也就是空气的密度。空气分子越多的地方，气压越高。通常情况下，近地面气压为高压，离近地面越远，气压越低。

气压对人体生理及心理功能均有影响。低气压影响人体内氧气的供应，高气压导致人体内氮气无法溶解排出而出现一系列生理改变。气压变化还会影响人的心理变化，使人产生压抑、郁闷的情绪。

（1）高气压作业。

高气压作业包括潜水、潜涵以及临床上用以治疗的加压治疗舱和高压氧治疗舱作业人群。

高气压作业所致的疾病主要有气压伤、高铁血红蛋白血症与减压病。减压病是高气压作业环境下最为常见的疾病之一，是指机体在高气压环境工作一段时间后转向正常气压时，由于减压过速所致的疾病。

高气压作业对人体健康的影响以皮肤瘙痒和肢体疼痛为主，还会出现蚁走感、斑疹、丘疹、皮下出血等；其次关节和肌肉出现疼痛，神经系统、循环系统、呼吸系统等也会受到影响。

主要预防措施包括：

①遵守安全操作流程。如高压作业后采取阶段减压法。

②卫生保健措施。工作前要注意防止过劳，严禁饮酒，加强营养。建议高压作业人员多吃高热量、高蛋白的食物。适当增加维生素的摄入量，如维生素E。工作时注意防寒保暖，工作结束后宜饮用热饮料，洗热水澡。

③健康检查。从事潜水等高气压环境前需要做健康检查，对患有神经、精神等器质性疾病及明显功能性疾病者，不宜从事此项工作。

（2）低气压作业。

低气压作业人群主要包括高原、高山以及航空航天作业人群。

高原病又称高山病，是在高海拔低氧环境下作业人群所致的疾病，高原低气压性缺氧是导致高原病最主要的原因，可分为急性高原病及慢性高原病。

在低压缺氧条件下作业，轻者可出现头晕、头痛、气喘等，重者可出现胸闷、呼吸急促、恶心呕吐，以至神经系统发生显著障碍。

主要预防措施包括：

①控制登高速度与高度。逐渐、缓慢的步行登山者，发生急性高原病的概率相对较低，因此由平原向高山攀登时，应坚持阶梯式升高的原则，逐步适应。为防止或减少高原病的发生，以每日平均攀登小于1000米为宜。目前多认为，5000米高度是人体进行正常生活和工作的安全限度。

②适应性锻炼。高原适应的速度和程度，可以通过适应性锻炼得到逐步提高，如先在海拔相对较低的高原地带进行一定的体力锻炼，来增强人体对缺氧的耐受能力。对初入高原者，应适当减少体力劳动，以后视适应的具体情况，逐步增加劳动量。

③保健措施及健康检查。低气压环境工作的劳动者，饮食中应含有足够的热量和合理的营养，如富含多种维生素、高蛋白和中等脂肪食物及适当的碳水化合物等。应注意保暖，预防急性呼吸道感染。

此外，进入高原地区前需要做健康检查，凡是患有明显的心、肝、肺、肾等疾病者和严重贫血者，均不宜进入高原地区。

四、认识带来职业病危害的生物因素

生物因素是指生产原料和生产环境中存在的对职业人群健康有害的致病微生物、寄生虫、昆虫和其他动植物及其所产生的生物活性物质，如附着在动物皮毛上的炭疽芽孢杆菌、布鲁氏菌以及蜱传脑炎病毒。它们对职业人群的损害，除了可以引起法定职业病，如炭疽、布鲁氏菌病以及森林脑炎等，也是构成职业性哮喘、外源性过敏性肺泡炎和职业性皮肤病等法定职业病的致病因素之一。

生物因素作用于机体后是否引起发病以及发病后疾病的轻重往往取决于病原体致病力的强弱、侵入体的数量、侵袭力、毒力以及它逃避或抵抗攻击的能力等因素。其中机体免疫能力降低是促进许多感染性疾病发生的重要条件。

1. 常见的传染性病原体

（1）炭疽芽孢杆菌。

炭疽芽孢杆菌俗称炭疽杆菌，是一种引起人畜共患传染病的病原体，因其形成一种特征性的皮肤炭样焦痂而得名，主要流行于牛、马、羊等草食动物中，能够引起牛、马、羊等动物及人类的炭疽，为《中华人民共和国传染病防治法》规定的乙类传染病，其中肺炭疽按照甲类传染病管理。根据国家卫生健康委员会公布的 2021 年全国法定传染病报告发病死亡统计，2021 年全国（不含港澳台地区）共有 392 例炭疽发病病例，2 例死亡病例。

①流行病学特征。

传染源：患病动物和因炭疽而死亡的动物尸体以及污染的土壤、草地、水、饲料都是本病的主要传染源。

传播途径：炭疽芽孢杆菌可经皮肤、消化道、呼吸道 3 种途径进入人体。

人群易感性：人群普遍易感。

②分类及临床表现。

潜伏期一般为 12 小时至 12 天，平均 2～5 天。根据临床表现和病程长短分为 3 个类型。

皮肤炭疽：最常见，占所有炭疽病例的 95%，多见于手、上肢、颈和肩等裸露部位，初始症状为皮肤上出现不明原因的丘疹或红斑，类似蚊虫叮咬状丘疹，多数有发热症状，然后出现水疱，周围肿胀，继而中央坏死形成溃疡性黑色焦痂，疼痛不明显，稍有痒感，无脓肿形成，及时治疗病死率小于 1%。

肺炭疽：肺炭疽初起为“流感样”症状，表现为低热、疲乏、全身不适、肌痛、咳嗽，通常持续 48 小时左右。然后突然发展成一种急性病症，出现呼吸窘迫、气急喘鸣、咳嗽、发绀、咯血等。可迅速出现昏迷和死亡，死亡率可达 90% 以上。

肠炭疽：肠炭疽可表现为急性肠炎或急腹症。急性肠炎发病时可出现恶心、呕吐、腹痛、腹泻。急腹症患者全身中毒症状严重，持续性呕吐及腹泻，排血水样便，腹胀、腹痛，常并发败血症和感染性休克。如不及时治疗，可导致死亡。

③预防措施。

从事家畜养殖、屠宰、皮毛加工、挤奶、肉类和乳制品加工销售等人员，要做好个体防护，戴口罩、手套，穿工作服。工作服严禁穿出工作场所，工作中禁止吸烟、喝水和吃东西，工作后及时洗手。为家畜接生时要戴手套，严禁赤手接生，家畜流产物要深埋消毒处理。对高危人群接种无毒活菌疫苗。提高防护意识，做到“三不”，即不要屠宰、不要剥食、不要销售病死牲畜。适当锻炼，增加营养，增加机体抵抗能力。

快问快答

问题 1：炭疽就是炭疽病吗？

答案：不是。由炭疽芽孢杆菌引起人和动物的传染性疾病称为炭疽；而炭疽病是一种真菌感染引起的植物疾病，是一种农业病害。

问题 2：为什么要高度重视炭疽？

答案：炭疽属于传染性疾病，严重可致死。

问题 3：炭疽可以治疗吗？

答案：可以，炭疽病人治疗的关键是早发现、早诊断、早治疗，任何延误都可能导致严重后果。

问题 4：炭疽病人需要隔离吗？其接触者需要隔离吗？

答案：需要，其目的是防止污染环境引起感染以至传染范围扩大。对于炭疽病人的接触者，无须隔离，因为在发病前没有传染性。

（2）布鲁氏菌。

布鲁氏菌常常引起布鲁氏菌病，为一类人畜共患的乙类急性传染病，是我国法定职业病之一。根据国家卫生健康委员会公布的2021年全国法定传染病报告发病死亡统计，2021年全国（不含港澳台地区）共有69767例布鲁氏菌病发病病例，3例死亡病例。

①流行病学特征。

布鲁氏菌病流行于很多国家和地区，全年均可发病，有明显季节性，发病高峰期为春夏两季。

传染源：患病动物是本病的主要传染源，我国以羊为主，牛次之。

传播途径：布鲁氏菌可经皮肤、消化道、呼吸道3种途径进入人体。

人群易感性：人群普遍易感。

②分类及临床表现。

临床表现多种多样，病情轻重差别也很大，可侵犯各种组织器官，病程可分为急性期、亚急性期和慢性期。

急性期、亚急性期：潜伏期10天左右，短至1周，长达半年，主要表现为发热、多汗和关节肌肉疼痛。

慢性期：病程持续半年以上，症状多不明显也不典型，以疲乏、关节肌肉疼痛、低热、失眠为主要表现。

③预防措施。

注意个人卫生，饭前勤洗手，不喝生水、不吃生拌或未经煮熟的肉类。饲养员、贩运、屠宰工、兽医等职业人群在工作期间做好个体防护，要戴帽子、口罩、手套等，工作结束后及时进行消毒。严禁赤手接触家畜流产物、皮毛等。布鲁氏菌病是可防可治的，一旦出现长期发热、多汗等症状，应及时到县级专业医疗机构规范治疗，至少服用6周抗菌药物，防止复发和转成慢性。

2. 生物性有害因素的来源

生物性有害因素的来源非常广泛，可能是地方性或外源性的，也有可能是人类特有或人畜共患的，还有可能是生活性污染或生产性污染，医疗机构也是生物性有害因素的重要来源之一。

（1）自然疫源与外源性传播。

自然疫源是指病原体在病区生态环境中能够不断生存繁殖，并感染人类。通常在自然疫源地常年都有带有病原体的人或动物，且疫区环境适合病原体的繁殖。

有些感染性疾病可能是外源性的，如进口动植物、血液制品等可能将当地本来并不存在的病原体引入，外来人员通过旅游、出差等方式将病原体带入其常年居住的环境。

（2）生活性污染与生产性污染。

生活性病原体来自携带病原体的人或动物，这些病原体会随着人畜的生活活动而污染环境，如呼吸、痰液等污染空气，通过分泌物、排泄等污染水、食物、土壤及其他生活用品。人与人、人与动物之间的直接接触也可以传播病原体。

某些特殊行业在劳动生产过程中要接触带有病原体的人或动物，如医护人员、森林工人及处理皮毛和尸体的从业人员。因此，生产环境和劳动过程也有可能传播病原体。

（3）医源性感染。

医源性感染是医院内感染的一部分，指在医院实施手术、治疗、诊断、预防等技术措施（如静脉内插管、导尿管、注射针剂、输血、吸入疗法、烧伤治疗等过程中），滥用抗生素以及应用免疫制剂等而引起的感染。引起此类感染常见的微生物有葡萄球菌、变形杆菌、绿脓杆菌等。

医源性感染不仅限于病人，还包括医护人员在提供医疗服务时，接触感染者或患者的体液，而致感染艾滋病毒、肝炎病毒等。因此，要加强医护人员职业暴露防护知识宣教，尤其是对刚下临床的见习生、实习生的宣教；严格执行各项操作规程及标准，加强自我防护；配备个人防护用品以及严格执行手卫生等。一旦发生职业暴露后，应在第一时间落实应急处理措施，向上级管理部门汇报具体情况并进行职业暴露后的登记，同时，去检验科进行急查追踪。

五、认识不良工效学因素

长期以来，职业卫生和职业医学所开展的预防和治疗研究多以作业环境的粉尘、化学毒物及物理因素对劳动者健康产生的危害为主。随着社会经济发展，劳动卫生和职业病的研究范畴也随之扩展，在生理学、生物力学、工程学等学科的基础上，产生了人类工效学。工作场所不良工效学因素包括个体特征、工艺设备及其布局、工作系统设计、作业环境、作业管理和社会心理因素等，不同因素间存在直接或间接的相互影响。因此，在工作当中，需要学会识别工作场所中可能存在的不良工效学因素。

1. 工作中的姿势

姿势负荷是指人体保持某种姿势所产生的负荷，当肌肉处于静止长度且关节自然对齐时，即可实现中性姿势。当关节不处于中性姿势时，其肌肉和肌腱会收缩或拉长。中性姿势也可以减少肌肉、肌腱、神经和骨骼的压力。当姿势从中性姿势向运动范围内的极限移动时，被认为是不良姿势。

以不良的身体姿势工作是一种常见的工作相关肌肉骨骼疾患风险因素，如手举过头顶工作；以受限制的姿势工作；在密闭空间工作；以极度弯曲、扭曲或伸展的姿势工作；工作时够不着（位置、工具、设备），以跪、卧或蹲的姿势工作。

保持一定的身体姿势需要很大的肌肉力量，因此可能会导致急性超负荷和（或）肌肉疲劳，如建筑工人有时要以极度伸展的姿势工作，这需要高度激活肌肉组织来支撑手臂；扭转或伸展的身体姿势需要较高的躯干肌肉张力；在不良的身体姿势下，骨骼系统也会产生较大的力，这可能导致急性超负荷和骨骼结构损伤。对于长期倾斜躯干的活动，可能会出现脊椎的退行性疾病，尤其是腰椎区域。

长期保持不良的身体姿势可能导致肌肉疲劳和血液循环显著减少，肌肉组织功能降低会导致人体反应能力降低，因此可能导致事故风险增加。

延伸阅读

不同姿势下的腰部受力

图中的数字表示，对于一个体重 70 千克的个体，身处不同姿势下腰椎间盘所承载的重量。

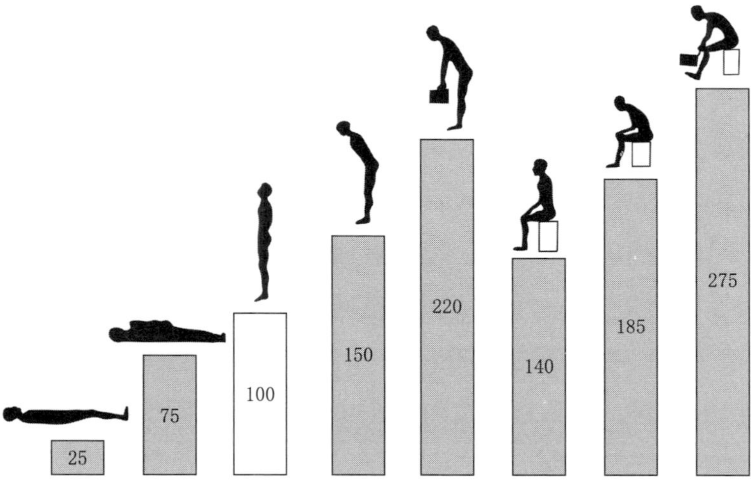

图 2–2 不同姿势腰部受力图（单位：千克）

人平躺时，腰椎负荷最小，约为 25 千克；

人侧躺时，腰椎负荷为 75 千克；

人站立时，腰椎负荷为 100 千克；

人坐姿时，上身直立腰椎负荷为 140 千克。

但是，不论站立还是坐着，前倾的姿势会让腰椎负荷大大增加。

站立时身体前倾，腰椎负荷增大到 150 千克；

坐姿时身体前倾，腰椎负荷接近 200 千克；

坐姿前屈且手持重物的情况下，腰椎负荷接近 300 千克。

这是因为，上身前倾时，头、躯干和上肢的重量会集中在腰椎这一个支撑点上，腰椎间盘承载的压力最大。

2. 工作中的用力和负重

工作中存在很多用力和负重的情况，如推或拉重物、抬举或搬运重物。用力和负重都需要很大的肌肉力量。这可能会导致肌肉严重超负荷和（或）肌肉疲劳。

在这种工作过程中，骨骼系统中也会产生较大的力。这可能会导致骨骼结构的急性超负荷和损伤。用力时，力的作用距离身体较远，对腰椎组织有很高的损伤风险。对于长期或频繁高强度用力的任务，存在退行性疾病的风险，尤其是腰椎退行性疾病。另外，在不良身体姿势下用力，则更增加患病的风险。

常见的用力和负重不良因素包括：提举和搬运物体质量超过 23 千克；最大提举频次 15 次 / 分钟，此种情况下手工提举任务的总持续时间不应超过每天 1 小时，物体质量不应超过 7 千克；手工运送重物累积质量超过 10000 千克 /8 小时，当移送距离较长（大于 20 米）时，重物累积质量不应超过 6000 千克 /8 小时。

快问快答

问题 1：易出现颈、肩部不适的工作姿势及操作有哪些?

答案：（1）长时间保持某一固定的姿势（颈、肩部负重或固定体位）。

（2）工作台高度不合适，前臂和上臂抬高作业。

（3）颈部经常处于旋转或高强度作业姿势。

问题 2：易出现肘、腕部不适的工作姿势及操作有哪些?

答案：（1）单一重复操作。需反复旋转肘、腕部的流水线作业，快速持续敲击键盘、鼠标。

（2）不良姿势。工作中，肘、腕部长时间弯曲或过伸。工作时，需要使用或保持爬行姿势。

（3）肘、腕部负荷或用力。工作中需反复肘、腕部发力。

问题3：易出现腰、背部不适的工作姿势及操作有哪些？

答案：（1）长时间的固定工作姿势（腰、背部负重或固定体位）。

（2）重体力劳动作业，如托举、拖拉或搬运重物。

3. 工作中的心理

劳动者职业活动过程之外的各种经济、文化、认知等因素，与劳动者职业活动过程中的生理、心理特征等密切相关，直接影响个体心理负荷、健康状况、精神状态以及应激能力，常见有家庭状况、社会关系、经济和社会压力、工作满意度、工作关系与价值观等因素。不良的心理因素会诱发不良的工作姿势，降低反应能力、协调性，延长工作时间，还可能诱发吸烟、饮酒、作息不规律等不良的行为习惯，增加患其他工作相关疾病的风险。

现代工作节奏快、压力大，“工作压力”“职业紧张”也逐渐被关注。职业紧张指作业环境和劳动过程中所存在的社会心理方面的不良因素。常由于客观要求与个人适应能力之间的失衡所致。主要因素有：

（1）环境状况，包括作业、社会与生活环境。

（2）作业要求，包括责任、负荷与节奏。

（3）劳动组织，包括管理风格、人际关系与作息安排。

（4）个人因素，包括能力与个人素质。

由于它们的失衡可带来生理、心理压力，导致有关身心障碍。

4. 工作环境与布局

工作环境既包括工作场所整体环境，也包括相对独立的工作系统的微观环境，是影响劳动者心理、生理健康及感官舒适性的因素。这类因素既包括职业性有害因素，如噪声、振动、高温与辐射等，也包括温湿度、照度、风速等常见的车间建筑卫生学因素，以及劳动者职业活动的环境颜色设置、空气质量等内容，如工作环境过冷可能加剧肌肉紧张程度，而过热的工作环境会加重工作负荷对机体的影响；局部或全身振动会导致手部血液循环或退行性疾病问题；照明不足或眩光会诱发强迫体位、增加绊倒或跌落的危险。

另外，作业空间的设计也往往带来工作姿势、工作用力等问题，如工作空间不足所致不良体位或动作受限；工作站设计所致过多动作或不良体位；工作面高度和尺寸大小不适配；工作空间迫使劳动者采取同一姿势工作。

延伸阅读

常见工效学危害因素

工作相关肌肉骨骼疾患的工效学危害因素包括机械负荷、重复频率、暴露时间、姿势与事故、作业环境和心理负荷。影响工作相关肌肉骨骼疾患的总体负荷取决于这些危害因素的负荷水平以及不同组合和特性，包括：高强度作用力；长期持续负荷接触；过度重复用力；强烈的姿势要求；强烈或长时间肌肉紧张；不利作业环境和心理负荷；不良的工作（劳动）组织。

基于上述工效学危害因素，并结合现场常见的来源确定工效学危险源和相关危害因素。工效学危险源包括：工作组织、工作类型、作业姿势和动作、作业空间和工作任务、社会心理因素和环境因素 6 个方面。

（1）工作组织。每天超过 8 小时工作班制；频繁和长时间工作；长时间连续操作；工间休息不足；休假日不足；每日、周、月或年工作强度不均匀；劳动者间工作强度不均衡；两班之间休息时间不足（低于 11 小时）；频繁的轮班、倒班。

（2）工作类型。提举和搬运重物；用力较大的工作；强推拉用力；高重复性工作；需频繁使用手指、手或臂部工作；工作中使用手臂振动工具；具有车辆传递的全身振动工作；使用键盘或其他数据录入设备的精力集中工作；精细操作工作；视觉要求高的工作。

（3）作业姿势和动作。不良姿势和动作；持续和（或）高频度变换关节位置；长时间强迫体位；长时间和（或）长距离走动（水平或倾斜面上）工作；频繁攀爬楼梯；持续久坐或站立工作。

（4）作业空间和工作任务。工作空间不足所致不良体位或动作受限；工作站设计所致过多动作或不良体位；工作面高度和尺寸大小不适配；肩部以上或膝部以下的手工物体操作；工作空间迫使劳动者采取同一姿势工作；沉重和（或）需要高度身体用力的工作物体操作；难以抓握或较滑的工作物体操作；热和冷的工作环境和（或）物体的手工处理；施加于身体的局部压力作业。

（5）社会心理因素。心理负荷过多或不足；时间压力和需求过高；职业性紧张工作；过低的工作满意度；工作缺乏自主权；社会支持不足。

（6）环境因素。滑的和（或）不平坦的地面；全身振动和手臂振动；热和冷的工作环境；贫乏的视觉条件，如光线不足。

3 第三章 常见职业病

当前，尘肺病依然是我国主要的职业病。职业性化学中毒、职业性噪声聋、职业性放射性疾病则是工作中常见的职业病。

一、尘肺病

尘肺病是在职业活动中长期吸入不同致病性的生产性粉尘并在肺内潴留而引起的以肺组织弥漫性纤维化为主的一组职业性肺部疾病的统称，主要包括矽肺、煤工尘肺、石墨尘肺、炭黑尘肺、石棉肺等。尘肺病是职业性疾病中影响面最广、危害最严重的一类疾病，不仅严重危害尘肺患者的健康和生活，也成为我国严重的公共卫生问题。

1. 尘肺病的主要症状

尘肺病无特异的临床表现，其临床表现多与并发症有关。尘肺患者的临床表现主要是以呼吸系统为主的咳嗽、咳痰、胸痛、呼吸困难 4 大症状，此外一些尘肺患者可有喘息、咯血以及某些全身症状。症状的轻重与肺纤维化的进展速度和程度以及有无并发症有关。

（1）咳嗽。尘肺患者早期咳嗽不明显，以干咳为主，但随着病程的进展，患者多合并慢性支气管炎，晚期患者多合并肺部感染，均可使咳嗽明显加重。此外，吸烟患者咳嗽较不吸烟者明显。咳嗽与季节、气候变化等有密切的相关性。

（2）咳痰。尘肺患者即使在咳嗽很少的情况下，也会咳痰。咳痰主要是呼吸系统对粉尘的不断清除所引起的。早期患者一般咳痰量不多，多为灰色稀薄痰。煤工尘肺患者痰多为黑色，其中可明显地看到有煤尘颗粒。如果合并肺内感染及慢性支气管炎，痰量则明显增多，痰呈黄色黏稠状或块状，常不易咳出。

（3）胸痛。尘肺患者由于肺部组织受到损伤，常常会感觉胸痛，深吸气时尤为明显。几乎每位尘肺患者或轻或重患有胸痛，其中以矽肺患者和石棉肺患者更多见。胸痛的部位不固定，且常有变化，多为局限性。一般为隐痛，也可胀痛、针刺样痛等。胸痛的部分原因是纤维化病变的牵扯作用，特别是胸膜的纤维化及胸膜增厚、脏层胸膜下的肺大泡牵拉及张力作用等。

（4）呼吸困难。呼吸困难与病情的严重程度相关。尘肺患者会出现呼吸困难，感觉气不够用，导致呼吸加快，多见于尘肺后期患者。随肺组织受损伤、纤维化程度的加重，尘肺患者正常的呼吸功能会受到影响。有效呼吸面积也会减少，通气或血流比例失调，呼吸困难也逐渐加重。此外，如果出现肺部并发症，也会明显加重呼吸困难的程度和发展速度，并可累及心脏，发生肺源性心脏病。

（5）咯血。尘肺患者咳嗽时血液从口腔咳出，一般为少量鲜红色血液。咯血较为少见，可能由于呼吸道长期慢性炎症引起黏膜血管损伤，也可能由于大块纤维化病灶的溶解破裂损及血管而使血量增多，其他并发症（如肺结核）损伤肺部血管也会导致咯血。

（6）其他。除上述呼吸系统症状外，可有不同程度的全身症状，常见有消化功能减退。

2. 尘肺病常见的并发症

尘肺患者由于长期接触生产性粉尘，使呼吸系统的防御机能受到损害，患者抵抗力明显降低，常发生多种并发症，比较常见的有呼吸系统感染、肺结核、支气管炎与肺炎、肺气肿、肺源性心脏病与呼吸衰竭、自发性气胸等。比较少见的有支气管扩张、肺脓肿等。这些并发症可以促使尘肺病的发展，而且是引起尘肺病死亡的主要原因。因此，防治尘肺患者的并发症有重要意义。

（1）呼吸系统感染。主要是指肺部感染，尘肺患者呼吸道防御能力降低，机体抵抗力比正常人低，容易发生呼吸道感染，这也是尘肺病最常见的并发症。

（2）肺结核。尘肺患者并发肺结核的概率比普通人大，尤其是尘肺Ⅲ期的患者。肺结核可以使尘肺病的症状加重。除气急、胸痛外，可能有全身无力、疲劳、盗汗、潮热及咳嗽、咳痰、咯血等症状，血沉加快，痰化验可能找到结核杆菌，肺部可以听到局限性的湿性啰音等。胸部 X 线片上除看到尘肺病变外，还可看到结核病变。

（3）支气管炎与肺炎。支气管炎与肺炎这两种病也是尘肺病人比较常见的并发症，其中以支气管炎更常见。当尘肺病人并发支气管炎时，其表现有咳嗽、咳痰、发热等症状。当并发肺炎时，则咳嗽更加厉害，发热、气急较明显。当并发大叶性肺炎时，则发病比较突然，高热、吐铁锈色痰、胸痛与气急更显著，还可能有口唇及口角发生疱疹等。化验检查时，可发现白细胞增高，特别是大叶性肺炎，白细胞增高比较显著。胸部 X 线检查时，这三种病各有不同的特点。

（4）肺气肿。肺气肿是尘肺病最普遍的并发症。往往随着病情的发展，肺气肿也越严重。当尘肺患者并发肺气肿时，其表现随着肺气肿的轻重程度不同，症状也有轻有重，主要有不同程度的气急、口唇及指甲发绀、咳嗽、头昏、无力等。检查时，典型肺气肿患者可以看到有呼吸短促、两肩高耸，颈部因而变得较短，胸部外形像桶状等。肺功能检查可见不同程度的损害。胸部 X 线检查和透视检查时，都可以看出肺气肿的变化特点。

（5）肺源性心脏病与呼吸衰竭。肺源性心脏病是由于肺部疾病的原因而引起的心脏病，也是导致尘肺患者死亡的主要原因之一。尘肺患者发生肺源性心脏病的主要表现为：除尘肺的症状外，还可能有气急加重，以至感到呼吸困难，口唇及指甲发绀明显。当发生心力衰竭时，可能出现昏迷或者昏睡。肺功能检查时可见肺气肿的各种表现。胸部 X 线检查时，可以发现心脏的阴影有改变，如肺动脉段突出。

（6）自发性气胸。自发性气胸也是尘肺病比较常见的并发症。尘肺并发气胸是急症，诊断不及时或误诊可造成严重后果。当发生局限性气胸时，无明显症状或仅感到胸部发闷、发紧。当发生比较广泛的气胸时，可能突然感到胸痛和呼吸困难，胸痛可放射至发生气胸的一侧的肩部、手臂和腹部，同时还可能有脸色苍白、发绀、出汗等症状。严重时可能会出现生命危险。检查时，可发现脉搏比较微弱，血压下降，肋间隙增宽，心脏及气管移位，叩诊时，声音比平时响亮，呈鼓音，呼吸音减弱或者消失等。X 线检查时，可以清楚地看到自发性气胸的各种表现。

3. 易患尘肺病的职业人群

容易患尘肺病的职业人群主要包括以下几类。

（1）矿工。在煤矿山、金属矿山、非金属矿山等从事一线生产加工的工作人员。在煤矿容易接触含大量煤尘的工种主要是掘进工、采煤工、搬运工等；在金属或非金属矿山接触粉尘最多的工种主要是凿岩工、放炮工、支柱工、运输工等。

（2）机械制造的工人。机械制造业主要接触粉尘的工作包括配砂、混砂、成型以及铸件的打箱、清砂等。

（3）冶炼工人。金属冶炼中矿石的粉碎、烧结、选矿等，可产生大量的粉尘，冶炼工人广泛分布在钢铁冶炼和其他金属冶炼业中。

（4）建筑材料工人。石料的开采、加工、粉碎、过筛以及陶瓷中原料的混配、成型、烧炉、出炉和搪瓷的工人，其主要接触二氧化硅粉尘和硅酸盐粉尘。

（5）筑路业工人。铁道、公路修建中的隧道开凿及铺路的工人。

（6）水电业工人。水利电力行业中的隧道开凿、地下电站建设等工作的工人。

（7）其他。如石碑、石磨加工、制作工人等。

4. 尘肺病的预防与治疗措施

尘肺病的预防，关键在于最大限度地防止有害粉尘的吸入，只要措施得当，尘肺病是完全可以预防的。预防措施可分为两个方面：

（1）技术措施。用技术措施消除或降低粉尘危害，是预防尘肺病最根本的措施。

①改革工艺过程，革新生产设备。其是消除粉尘危害的主要途径，如遥控操纵、计算机控制、隔室监控等避免直接接触粉尘。

②湿式作业。如采用湿式碾磨石英或耐火材料、矿山湿式凿岩、井下运输喷雾洒水、煤层高压注水等，湿式作业可在很大程度上防止粉尘飞扬，降低环境中粉尘浓度。

③密闭、抽风、除尘。对不能采取湿式作业的场所，应采用密闭、抽风、除尘办法，如采用密闭尘源与局部抽风相结合，防止粉尘外逸。

（2）卫生保健措施。

①接尘工人健康监护。包括上岗前体检、岗中的定期健康检查和离岗时体检，对于接尘工龄较长的工人还要按规定做离岗后的随访检查。

②个体防护和个人卫生。佩戴防尘护具，如防尘安全帽、防尘口罩、送风头盔、送风口罩等。讲究个人卫生，勤换工作服，勤洗澡。

尘肺病的治疗，目前尚无根治办法。我国学者多年来研究了数种治疗尘肺病的药物，在动物模型上具有一定的抑制胶原纤维增生等作用，临床试用中有某种程度上的减轻症状、延缓病情进展的疗效，但有待继续观察和评估。大容量肺泡灌洗术是目前尘肺治疗的一种探索性方法，可排出一定数量的沉积于呼吸道和肺泡中的粉尘及尘细胞，一定程度上缓解患者的临床症状，延缓尘肺病的进展，但由于存在术中及术后并发症，因而存在一定的治疗风险，远期疗效也有待于继续观察研究。应根据尘肺患者病情需要进行综合治疗，积极预防和治疗肺结核及其他并发症，以期减轻症状，延缓病情进展，提高患者生活质量，延长患者寿命。

（1）保健康复治疗。及时脱离接尘作业环境，定期复查、随访，积极预防呼吸道感染等并发症的发生；进行适当的体育锻炼，加强营养，提高机体抵抗力，进行呼吸肌功能锻炼；戒掉不良的生活习惯，如吸烟、酗酒、熬夜等，提高家庭护理质量。

（2）对症治疗。镇咳，可选用适当的镇咳药物治疗，但痰量较多时慎用，应采用先祛痰后镇咳的治疗原则；通畅呼吸道（解痉、平喘等措施）；清除积痰（侧卧叩背、吸痰、湿化呼吸道、应用祛痰药等措施）；氧疗，根据实际情况可采取间断或持续低流量吸氧以纠正缺氧状态，改善肺通气功能和缓解呼吸肌疲劳。

（3）并发症治疗。一是积极控制呼吸系统感染。尘肺患者的机体抵抗力降低，尤其是呼吸系统的清除自净能力下降，呼吸系统炎症特别是肺内感染（包括肺结核）是尘肺患者最常见的、最频发的并发症，而肺内感染又是促进尘肺病进展的重要因素，因此尽快尽早控制肺内感染对于尘肺患者来说尤为重要。抗感染治疗时，应避免滥用抗生素，并密切关注长期使用抗生素后引发真菌感染的可能。二是慢性肺源性心脏病的治疗。应用强心剂（如选用洋地黄）、利尿剂（如选用氢氯噻嗪）、血管扩张剂（如选用酚妥拉明、硝普钠）等措施对症处理。三是呼吸衰竭的治疗。可采用氧疗、通畅呼吸道、抗炎，纠正电解质紊乱和酸碱平衡失调等措施综合治疗。

二、职业性化学中毒

小剂量的化学物质进入机体后，能与组织成分发生生物化学或生物物理学的作用，引起机体暂时或持久地生理功能紊乱和器质性伤害，这样的化学物质叫作毒物。从业人员在生产劳动中发生的化学物质中毒，称为职业中毒。在生产、运输、储存和使用这些化学品的过程中，化学物中毒屡有发生，给国民经济和人民生命、财产带来巨大损失。

1. 化学物中毒概述

一般情况下，毒物以固体（态）、液体或气体的形式存在。在生产过程中的原料、产品或生产废物还会以粉尘、灰尘、烟雾、蒸气等形式，污染环境，引起中毒。毒物一般经皮肤、黏膜、呼吸道吸收。职业中毒毒物多从呼吸道和皮肤吸收，生活中毒毒物以胃肠道吸收多见。毒物吸收后进入血液，被运送到全身，随着毒物不断进入各器官、组织，血液内毒物的浓度逐渐降低，组织内毒物的浓度逐渐增大。经过一段时间，毒物在血液、组织、淋巴液内的浓度达到动态平衡状态。毒物又不断从组织内慢慢进入血液，最后被送到肝脏、肾脏解毒，或从消化系统排出，也可以从肺呼出。此外，汗腺、唾液、指甲、毛发等也能排出少量毒物。

由于引起化学物中毒的毒物品种繁多，所作用的器官不同，所以临床表现也不同。化学物中毒主要临床表现如下：

（1）神经系统。铅、汞等嗜神经毒物中毒时可表现为急性中毒性脑病、中毒性周围神经病（多发性神经炎）、神经衰弱症候群等，症状的轻重与接触毒物的剂量有关，其症状表现为头晕、头痛、胸闷、心悸、恶心、呕吐、全身无力甚至死亡。

（2）呼吸系统。氨、氯等刺激性气体中毒时，临床表现以呼吸道黏膜刺激症状为主，如急性支气管炎、化学性肺炎、吸入性肺炎、肺水肿、哮喘等。

（3）血液系统。白细胞减少，常见于苯、抗癌药物中毒；血红蛋白变性，常由苯的硝基和氨基化合物引起；溶血性贫血，常见于砷化氢、苯肼等中毒。

（4）消化系统。对胃肠道刺激引起恶心、呕吐、腹痛、腹泻等症状，亲肝脏毒物四氯化碳等可引起急性中毒性肝炎。

（5）泌尿系统。中毒后可对肾脏造成损害，如氯化汞可引起急性肾病。

（6）骨骼系统。如氟中毒会引起骨骼系统的病变。

（7）其他。如接触皮肤后可致接触性皮炎，出现溃烂、皮肤刺激等症状；接触眼睛后会有刺激、灼伤、视力模糊等症状，接触过量会造成眼睛永久性伤害。

2. 常见化学物中毒

（1）铅中毒。常见的职业性铅中毒接触行业有以下几类：

第一类：铅矿的开采及冶炼。自然界存在的主要是硫化铅矿（方铅矿），经焙烧还原成为铅。另外，冶炼锡、锑、锌等金属以及铅制成的合金时，也有铅的危害。

第二类：熔铅作业。制造含铅耐腐蚀的化工设备、管道、构件等；电力电子行业制造电线的外皮保险丝、电缆；军火工业的子弹制造、射击试验等；放射线防护材料；电镀用的电极；机械零件的金属衬垫。

第三类：蓄电池行业。使用量很大，用作铅蓄电池的电极板材料（氧化铅）。

第四类：铅的化合物合成行业。颜料行业（铅白、铅丹、铅铬黄、密陀僧等）；塑料工业（碱式硫酸铅、碱式亚磷酸铅、硬脂酸铅等）；橡胶工业（氧化铅、硫化铅等）；制药工业（醋酸铅）等。

铅中毒的临床表现为：

①急性铅中毒。工业生产中发生急性铅中毒的机会较少，但可见到亚急性铅中毒，其临床表现与急性铅中毒相似。急性铅中毒多因消化道吸收引起。中毒后，口内有金属味，恶心、呕吐、腹胀、阵发性腹部剧烈绞痛（铅绞痛）、便秘或腹泻、头痛、血压升高、出汗多、尿少、面容苍白（铅容）。严重者可发生中毒性脑病，出现痉挛、抽搐，甚至出现谵妄、高热、昏迷和循环衰竭。此外，还可出现中毒性肝病、中毒性肾病、贫血、麻痹性肠梗阻及消化道出血等。

②慢性铅中毒。职业性铅中毒以慢性居多，非职业因素如长期用含铅的锡壶饮酒、环境污染等也会引起慢性铅中毒。因中毒程度不同，可有不同的临床表现，通常呈慢性、隐匿性过程。有时可因过劳、缺钙、饮酒、饥饿、创伤、感染、发热等诱发加重症状，或出现腹绞痛、铅麻痹。

神经系统表现：早期症状不明显，且无特异性，可有头痛、头昏、乏力、失眠、多梦、健忘等类神经症表现。重症患者可发生铅中毒性脑病，表现为剧烈头痛、呕吐、视力模糊、狂躁或痴呆、幻觉、迫害妄想、谵妄或不同程度的意识障碍、癫痫样抽搐等，可有脑萎缩、脑水肿或颅压增高表现。铅对周围神经的损害，以运动功能受累较著，临床表现主要是伸肌无力，常有关节肌肉疼痛，伴肢体远端手套、袜套样浅感觉障碍。重症铅中毒的典型表现之一是铅麻痹或垂腕。垂腕表示腕部伸肌无力，易发生在右侧。随着劳动条件的改善，此种情况现已少见。

消化系统表现：铅线，在齿龈的边缘处可有约 1 毫米的蓝灰色线，其由于口腔内蛋白质食物残渣腐败后产生硫化氢与唾液腺分泌的铅形成黑色的硫化铅沉着在齿龈黏膜下形成。铅线只能说明有铅接触，且口腔卫生不好，急性铅中毒时较易见到，特别在有齿龈炎处。消化不良，铅中毒易引起消化功能紊乱，常有食欲缺乏、口内金属味、腹胀、便秘、恶心、腹部不定部位的隐痛等。腹绞痛，见于中等及较重的铅中毒病例，发作前可先有腹胀或顽固性便秘，多数为突然发作腹部绞痛（铅绞痛），剧烈难忍，部位多在脐周，也可在上、下腹部，每次发作持续数分钟至数小时，有时为持续性痛伴阵发性加重。腹绞痛发作时，患者面色苍白、焦虑、急躁不安、出冷汗、卷曲捧腹，按压腹部稍感缓解，发作时可伴有呕吐、血压升高与眼底动脉痉挛。

肝脏问题：慢性铅中毒引起的肝脏损害并不显著。国内个别报道长期接铅工人肝肿大检出率明显增高，且与铅接触浓度高低呈一致关系，但常规肝功能检查未发现异常。

造血系统：慢性铅中毒患者可发生贫血，多属轻度，呈低色素性正常细胞型贫血，也有呈小细胞型者。可见网织红细胞和点彩红细胞增多，白细胞与血小板一般无明显异常。

肾脏表现：慢性铅中毒主要损伤肾小管，并可见肾小球滤过率及内生肌酐清除率降低，出现氨基酸尿、糖尿、低分子蛋白尿等。后期可发生肾小管萎缩、间质纤维化，甚至肾小球硬化，可能导致肾功能不全。

其他：铅可影响女性生殖能力。接触大量铅的女性可能出现不孕、流产及畸胎等。铅能通过胎盘进入胎儿体内并通过乳汁引起婴儿中毒。铅也可引起男性精子活动度减低和畸形精子增多。

铅中毒的治疗包括以下几种方式：

①经消化道急性中毒者，立即用 1% 硫酸镁或硫酸钠溶液洗胃，以形成难溶性铅，防止大量吸收，并给予硫酸镁导泻。洗胃后可灌以活性炭以吸附毒物，也可给予牛奶或蛋清，保护胃黏膜。

②驱铅治疗：依地酸钙钠为氨羧络合剂，对铅中毒疗效较好，为目前驱铅治疗的首选药物。其可以迅速改善症状，腹绞痛、贫血、周围神经病及中毒性脑病等可逐渐缓解。注意口服依地酸钙钠不能预防铅中毒的发生。

③对症治疗：腹绞痛发作时，可静脉注射葡萄糖酸钙或肌内注射阿托品。对缓解腹绞痛，治疗中毒性脑病、周围神经病、贫血等有效的疗法是驱铅治疗。

④一般疗法：适当休息，给予合理营养、维生素 B 族和维生素 C 等。必要时加用中药治疗。

（2）苯中毒。常见的职业性苯中毒接触行业有以下几类：

①煤干馏、石油提炼、石油裂化或芳烃抽提等行业。

②以苯为原料，制造酚、硝基苯、染料、香料、炸药、药物（非那西丁、磺胺噻唑）、农药杀虫剂、合成纤维、合成洗涤剂等行业。

③制造人造皮革、漆布、胶布、合成橡胶、绝缘材料、塑料等行业。

④提取油脂类、硫、磷、树脂以及印刷、油墨、照相制版等行业。

⑤制造油漆、喷漆及其稀释剂等行业。

苯中毒的临床表现为：

①急性中毒。短时间内吸入大量苯蒸气或口服大量液态苯会引起急性苯中毒，主要表现在苯对中枢神经系统产生麻痹作用，重者出现头痛、恶心、呕吐、神志模糊、知觉丧失、昏迷、抽搐、呼吸及心跳不规则、血压下降、肺水肿等，继而由于中枢神经系统麻痹导致呼吸和心跳停顿而死亡。轻者会出现黏膜刺激、头晕、头痛、恶心、呕吐、步态蹒跚等病症。吸入 4000ppm（体积浓度单位，百万分率）以上的苯短时间除有黏膜及肺刺激性外，对中枢神经系统也有抑制作用，同时会伴有头痛、欲呕、步态不稳、昏迷、抽搐及心律不齐。吸入 14000ppm 以上的苯会马上死亡。

②亚急性中毒。患者可出现头晕、头痛、乏力、失眠等病症，经 1～2 个月后可发生再生障碍性贫血。如果及早发觉，经脱离接触，适当处理，一般预后较好。

③慢性中毒。长期接触低浓度苯会引起慢性苯中毒，主要表现为：造血系统，造血抑制，白细胞、血小板减少，重者出现全血细胞减少症、骨髓增生异常综合征、再生障碍性贫血。神经系统，多数患者表现为头痛、头昏、失眠、记忆力减退等类神经症，可伴有自主神经系统功能紊乱及肢端麻木和痛觉减退表现。其他，经常接触苯可引起皮肤脱脂，皮肤干燥、脱屑以至皲裂，也可出现过敏性湿疹、脱脂性皮炎等。

苯中毒的治疗包括以下几种方式：

①急性中毒：急性期应卧床休息。急救原则与内科一样，可用葡萄糖醛酸，忌用肾上腺素。

②慢性中毒：无特殊解毒药，治疗根据造血系统损害所致血液疾病给予相应处理。

（3）硫化氢中毒。工业上很少使用硫化氢，多为工业生产或生活中产生的废气，或是某些化学反应产物，或以杂质形式存在，或由蛋白质自然分解，或其他有机物腐败产生。

①石油工业。如硫石油开采、炼制和加工中的脱硫和废气排放。

②冶金工业。如硫矿石中镍、铊、锑、铜、镍、钴等金属的炼制提纯；煤的低温焦化。

③化学工业。如硫酸精炼、二硫化碳及其他化工原料制造。

④染料工业。如硫染料的合成与使用。

⑤化纤工业。如人造丝制造、制毡、亚麻浸渍。

⑥橡胶工业。如橡胶的硫化。

⑦皮革工业。如鞣革。

⑧造纸工业。

⑨食品工业。如制糖和食品加工。

⑩环卫和其他行业。如对粪坑、污水管道、阴沟、地沟、沟渠、船舱等进行粪便、淤泥、污物、垃圾清理，开挖和整治沼泽地等作业均可接触硫化氢。

硫化氢可引起刺激反应、急性中毒和慢性损害。

①刺激反应。接触后出现眼刺痛、畏光、流泪、流涕、结膜充血、咽部灼热感、喉痒等眼和上呼吸道刺激症状，以及头痛、头晕、乏力、恶心等神经系统症状。脱离接触后短时间内即可恢复。

②急性中毒。按程度分为轻、中、重三级，程度不同，其临床表现也有明显的差别。

轻度中毒：出现眼胀痛、畏光、流泪、流涕、鼻及咽喉部干燥、咳嗽、咳痰、胸闷、头痛、头晕、乏力、恶心、呕吐等症状，可有轻度至中度意识障碍和急性气管—支气管炎或支气管周围炎。检查可见眼睑浮肿、眼结膜充血、水肿，肺部呼吸音粗糙，可闻及散在干、湿啰音。胸片 X 线显示肺纹理增多、增粗或边缘模糊。

中度中毒：立即出现明显的头痛、头晕、乏力、恶心、呕吐、共济失调等症状，意识障碍程度加重，表现为浅度至中度昏迷。同时有明显的眼和呼吸道黏膜刺激症状，出现咳嗽、胸闷、痰中带血、轻度发绀和视物模糊、结膜充血、水肿、角膜糜烂、溃疡等。肺部可闻及较多干、湿啰音。胸片 X 线显示两肺纹理模糊。心电图显示心肌损害。经抢救多数患者短时间内意识可恢复正常。

重度中毒：吸入高浓度硫化氢后，迅速出现头晕、心悸、呼吸困难、行动迟钝等明显的中枢神经系统症状，继而出现呕吐、腹泻、腹痛、烦躁和抽搐，意识障碍达深昏迷或呈植物状态，以及肺泡性肺水肿、休克等心、肝、肾多脏器衰竭，最后可因呼吸麻痹而死亡。接触极高浓度硫化氢，可在数秒内突然倒下，呼吸停止，发生“电击型”死亡。

部分严重中毒患者经治疗后可留有后遗症，如头痛、失眠、记忆力减退、自主神经功能紊乱、紧张、焦虑、智力障碍、平衡和运动功能障碍、周围神经损伤、头颅 CT 显示轻度脑萎缩等。

③慢性损害。长期接触低浓度硫化氢可引起眼及呼吸道慢性炎症，如慢性结膜炎、角膜炎、鼻炎、咽炎、气管炎，甚至角膜糜烂或点状角膜炎等。全身症状可有类神经症、中枢性自主神经功能紊乱，如头痛、头晕、乏力、睡眠障

碍、记忆力减退和多汗等，也可损害周围神经。

硫化氢中毒的治疗包括以下几种方式：

①氧疗。及时给氧，对中、重度中毒者，特别是昏迷者，尽早给予高压氧疗，纠正脑及重要器官缺氧。

②积极防治脑水肿和肺水肿。宜早期、足量、短程应用肾上腺糖皮质激素，给予脱水剂、利尿剂、能量合剂，保证充足睡眠等。

③复苏治疗。对呼吸、心搏骤停者，立即进行心肺复苏，做人工呼吸，吸氧，注射强心剂和兴奋剂，待呼吸、心跳恢复后，尽快高压氧疗。

④对症及支持疗法。严密监护，抗生素预防感染，维持水电解质平衡，给予营养支持药物，防止休克，保护脑、心、肺、肝、肾等重要脏器，防止多器官功能衰竭。

⑤促进细胞生物氧化能力。应用大剂量谷胱甘肽、胱氨酸、半胱氨酸等。

⑥解毒剂。目前尚无特效解毒剂。

⑦眼部处理。眼部受损害者，用生理盐水彻底冲洗眼部至少 15 分钟，应用抗生素眼膏，可起到预防感染、润滑的作用。

三、职业性噪声聋

噪声广泛存在于人们的工作过程和环境中，对神经系统、心血管、内分泌、消化系统等有不同程度的损害，但主要是损伤听觉器官。噪声聋又称职业性噪声聋，是指劳动者在工作过程中，由于长期接触噪声而发生的一种渐进性的感音性听觉损伤，是我国常见的职业病之一。

1. 噪声聋的主要症状

噪声聋的主要症状为进行性听力减退及耳鸣。早期听力损失在 4000 赫兹处，因此，对普通说话声无明显影响，仅在听力计检查中发现。以后听力损害逐渐向高低频发展，最终普遍下降。此时感到听力障碍，严重者可全聋。耳鸣与耳聋可同时发生，也可单独发生，常为高音性耳鸣。

开始接触噪声时，听觉稍呈迟钝，若离开噪声，数分钟后听力恢复，此种现象称为听觉适应。若在持久、强烈噪声作用下，听觉明显迟钝，经数小时后听力才恢复，称为听觉疲劳。若进一步接受噪声刺激，则导致听力损伤，不易自行恢复。

长期接触强噪声者，还可引起大脑皮层、自主神经系统、心脏、内分泌及消化系统等多组织器官的功能紊乱。

2. 易患噪声聋的职业人群

从事噪声作业的职业人群非常广泛，涉及纺织、化学、电子、机械、钢铁、印刷、建工建材、铁路交通、食品、造纸等行业。每个行业中接触噪声源的作业人员均有可能患噪声聋。

（1）纺织行业。粗纱机、细纱机、织布机、精织机、筒子机、整经机、经编机、精纺机、梳毛机、并条机、精梳机、纺纱机等操作人员。

（2）化学行业。空压机、水泵、鼓风机、通风机、配料机、空调机、冷冻机、电机、锅炉等操作人员。

（3）电子行业。超声波清洗机、烘干机、调直机、液压机、研磨机、空调机、造型机等操作人员。

（4）机械行业。各种车床、铣床、刨床、冲床、磨床、各种砂轮、各种汽锤、锻床、气焊、电焊、球磨机、压胶机、压塑机、抛光机等操作人员。

（5）钢铁行业。炼钢炉、炼铁炉、电炉、轧钢机、拔管机、清砂机、粉碎机、淬火机、切管机等操作人员。

（6）印刷行业。平台印刷机、轮转印刷机、联动机、打版机、折页机、切纸机、烘版机、磨版机等操作人员。

（7）建工建材行业。电锯、电刨、带锯、砂轮锯、制砖机、水泥制板、振捣台等操作人员。

（8）铁路交通。内燃机车、蒸汽机车、鸣笛放气、柴油机试车、电机车等操作人员。

（9）食品行业。食品成型机、包装机、面筛、传送带、封罐机等操作人员。

（10）造纸行业。造纸打浆机、抄纸机、切纸机等操作人员。

3. 噪声聋的预防与治疗措施

对职业性噪声聋目前还没有有效的治疗方法，早期进行听力检查，加强预防控制措施至关重要。

按要求参加职业健康检查，及时进行上岗前、在岗期间和离岗前的职业健康检查，发现噪声敏感者或早期听力受损者，应尽早调离噪声环境；做好个体防护，进入噪声工作场所，应科学合理佩戴耳塞、耳罩或防声头盔等相关防护用品；保持情绪稳定，避免急躁；多食富含维生素的水果、蔬菜。

加强对劳动者的职业健康教育，对于从事噪声作业的劳动者，加强预防知识的宣教，包括防护用品佩戴方法及应急处置措施；合理调整作息时间，适当增加工间休息，减少劳动者噪声接触时间等；对于已有感音神经性聋、心血管疾病、内分泌疾病、自主神经功能紊乱等疾病者避免在强噪声环境下工作。

延伸阅读

自测：在比较嘈杂的环境中工作的你，是否有下列情形？

（1）下班后耳朵仍有嗡嗡声。

（2）和人谈话时，觉得声音变小或听不清楚。

（3）别人发现你说话声音变大。

（4）听不到门铃或电话声。

（5）听音乐时觉得音质改变。

（6）把电视或收音机的音量调得十分大。

如出现上述情形，务必引起重视，并及时前往职业病防治机构进行鉴定、诊治。

四、职业性中暑

职业性中暑指在高温作业环境下，由于热平衡和（或）水、盐代谢紊乱引起的以中枢神经系统和（或）心血管系统障碍为主要临床表现的急性疾病。

1. 中暑的主要症状

中暑按发病机制可分为 3 种类型，即热射病、热痉挛和热衰竭。这种分类是相对的，临床上往往难于区分，常以单一类型出现，也可多种类型并存，我国职业病名单统称为中暑。

（1）热射病。在热环境下作业时，人体内部和外部总体热负荷超过了散热能力，导致身体过热所致。其临床特点为突然发病，体温升高可达 40 摄氏度以上，先大量出汗，后“无汗”，可伴有皮肤干热及意识障碍、嗜睡、昏迷等中枢神经系统症状，死亡率较高。

（2）热痉挛。由于大量出汗，体内钠、钾过量丢失所致。主要表现为明显的肌肉痉挛，伴有收缩痛。痉挛以四肢肌肉及腹肌等经常活动的肌肉为多见，尤以腓肠肌为最。痉挛常呈对称性，时而发作，时而缓解。患者神志清醒，体温多正常。

（3）热衰竭。在高温、高湿环境下，皮肤血流增加，但未伴有内脏血管收缩或血容量的相应增加，因此不能足够地代偿，致脑部暂时供血减少而晕厥。一般起病迅速，先有头昏、头痛、心悸、出汗、恶心、呕吐、皮肤湿冷、面色苍白、血压短暂下降，继而晕厥，体温不高或稍高。通常休息片刻即可清醒，一般不引起循环衰竭。

2. 中暑常见的并发症

中暑后剧烈而频繁的呕吐，造成体内水电解质平衡紊乱、胃黏膜和胆道受损、肠道动力异常，导致机体抵抗力下降，食少而致营养缺乏，可能继发反流性食管炎、糜烂性胃炎、十二指肠球炎、肠易激综合征、乙状结肠炎、营养不良性贫血、急性胆囊炎、胆结石、急性胰腺炎等疾病。

3. 易患中暑的职业人群

从事以下高温作业的劳动者容易发生中暑：

（1）从事高温、强热辐射作业的劳动者。如冶金工业的炼焦、炼铁、轧钢等车间；机械制造工业的铸造、锻造、热处理等车间；陶瓷、玻璃、搪瓷、砖瓦等工业的炉窑车间；火力发电厂和轮船的锅炉间等。这些生产场所的特点是气温高、热辐射强度大，而相对湿度较低，形成干热环境。

（2）从事高温、高湿作业的劳动者。如印染、缫丝、造纸等工业中液体加热或蒸煮时，车间气温可达 35 摄氏度以上，相对湿度达 90% 以上；潮湿的深矿井内气温可达 30 摄氏度以上，相对湿度达 95% 以上。这些生产场所的特点是气温高、气湿高，而热辐射强度不大。

（3）从事夏季露天作业的劳动者。夏季的农田劳动、建筑、搬运等露天作业，除受太阳的直接辐射外，还受周围二次热源（如高温的地面和物体等）的加热作用。

（4）从事夏季高强度作业的劳动者。如体育竞赛和军事训练等。

4. 中暑的预防与治疗措施

（1）中暑的预防措施。

按要求参加健康体检。高温作业人员每年夏季来临前参加职业健康检查，进行内科常规检查，重点进行心血管系统检查。

加强防暑降温知识学习。高温作业人员按要求参加上岗前和在岗职业培训教育，培训内容包括：高温对健康的危害、正确的作业方法、在作业时防止高温危害的措施，以及个人防护用品的正确使用方法、发生中暑时的急救措施和方法等。

科学热适应。在高温、热辐射，或高温、高湿的反复作用下，人体的体温调节能力、水盐代谢、心血管系统会发生适应性变化，这种变化称为热适应。热适应后，对热的耐受力增强，这不但可提高高温作业时的劳动能力，也可以有效地防止中暑和其他疾病。热适应是逐渐形成的，最好在炎热季节开始前 2 周左右参加高温作业，为了保持热适应，需经常接触热环境，每周 1～2 次。

合理组织劳动时间，避开中午太阳暴晒时间。在气温较高的条件下，适当调整作息时间，每天早开工、晚收工，延长中午休息时间，尽可能白天做一些在阴凉处进行的工作，晚间做室外的工作，并适当安排工间休息制度，预防疲劳。

合理饮食。高温作业人员和夏季露天作业的劳动者应多喝符合要求的饮料、含盐饮料（包括盐汽水、茶水、中药、各种汤类等），其含盐浓度一般为1%，饮水宜少量多次。最好准备藿香正气水、人丹等防暑药品。多吃豆制品、肉类、蔬菜等，避免太油腻食物。

注意个体防护。热辐射强度较大的高温作业劳动者穿戴耐燃、坚固、导热系数较小的白色工作服，其他高温作业劳动者可根据实际需要穿戴防护手套、鞋、靴罩、护腿、围裙、眼镜和隔热面罩等，注意对防护服装的清洗、修补和管理。工作服宜宽松，以保证通风良好。夏季露天作业时，应使用宽边草帽、斗笠等。不要用冷水冲凉，否则会引起出汗散热受阻导致体温升高、心脏负担增加或抽筋。

保障睡眠环境的舒适，有利于体力的恢复和提高工作效率。集体宿舍每个房间居住不超过 8 人，自然通风良好，配置风扇或空调，采取必要的防蚊虫叮咬措施。

高血压、胃溃疡、十二指肠溃疡、活动性肺结核、肝脏疾病、肾脏疾病、肥胖病、贫血、中枢神经系统器质性疾病的患者，不适宜进行高温作业，要调离高温作业岗位。

延伸阅读

预防中暑小常识

（1）天气炎热和湿度较大时，应尽量避免强体力劳动。如需在高温条件下行走或锻炼，不要马上进行剧烈运动，应慢慢开始，逐渐增加强度，让身体慢慢适应外界的环境。当已经感觉到心跳加重且胸闷憋气，尤其是感到头晕、意识模糊、虚弱，甚至要晕倒的时候，应立即停止一切活动，迅速找到阴凉通风处休息。

（2）合理安排作息时间，适当补充含钾、镁、钙盐防暑降温饮料，家中常备防暑降温药品（如清凉油、风油精、人丹或藿香正气水）。需低盐饮食者，在补充盐分之前，应当咨询医生。

（3）高温天气时，不要饮用含酒精或大量糖分的饮料，这些饮料会导致失去更多的体液。同时，还应避免饮用过凉的冰冻饮料，以免造成胃部痉挛。对于某些需要限制液体摄入量的患者，高温时的饮水量应遵循医嘱。

（4）冰袋降温时，放置地方应在颈部两侧、大腿根或腋下，这些地方血管丰富，降温效果好，注意避开枕后、耳、心前区、腹部、阴囊、足底等部位，防止腹泻等副反应。可用毛巾包裹冰袋，防止冻伤。

（5）藿香正气水或十滴水都可以起到解暑作用，但要考虑患者是否耐受。神志不清的患者可能不具备服药条件；儿童、孕妇则需遵医嘱；驾驶员和高空作业人员要考虑药物中的酒精成分；服用头孢类抗生素的患者不能同时服用藿香正气水。

（6）有时在看似“凉爽”的闷热潮湿的天气下，即便人体大量排汗，其热量也很难散发出去，如不及时补充水分，体温会迅速上升，也会引发中暑。

（7）穿着合适的衣服，并涂抹防晒用品。在室外，应当尽量选择轻薄、宽松及浅色的服装，并注意防晒、降温。可以佩戴宽帽檐的遮阳帽、太阳镜，并涂抹 SPF（防晒系数）≥ 15 的防晒用品。

（2）中暑的治疗措施。

中暑主要依据其发病机制和临床症状进行对症治疗，体温升高者应迅速降低体温。

轻症中暑。应使患者迅速离开高温作业环境，到通风良好的阴凉处安静休息，给予含盐的清凉饮料，必要时给予葡萄糖生理盐水静脉滴注。

重症中暑。热射病，迅速采取降低体温、维持循环呼吸功能的措施，必要时应纠正水电解质平衡紊乱；热痉挛，及时口服含盐的清凉饮料，必要时给予葡萄糖生理盐水静脉滴注；热衰竭，使患者平卧，移至阴凉通风处，口服含盐的清凉饮料。

对中暑患者及时进行对症处理，一般可很快恢复，不必调离原作业。若因体弱不宜从事高温作业，或有其他就业禁忌证者，应调换工种。

五、手臂振动病

手臂振动病是长期从事手传振动作业而引起的以手部末梢循环障碍、手臂神经功能障碍为主的疾病，并可引起手、臂骨关节肌肉的损伤。其典型表现为振动性白指。手臂振动病主要是由使用振动性工具引起，在我国发病的地区和工种分布相当广泛，多发工种有凿岩工、固定砂轮和手持砂轮磨工、铆钉工、风铲工、捣固工、油锯工、电锯工、锻工、铣工、抻拔工等。根据《职业性手臂振动病的诊断》（GBZ 7-2014）将手臂振动病分为三级：一级为轻度手臂振动病，二级为中度手臂振动病，三级为重度手臂振动病。

1. 手臂振动病的主要症状

手臂振动病患者都具有长期从事手传振动作业的职业史。一般来说，局部振动病早期表现多为手部症状和类神经症。其中以手麻、手痛、手胀、手僵等较为普遍。类神经症常表现为头痛、头昏、失眠、乏力、记忆力减退等，也可出现自主神经功能紊乱。检查可见皮温降低，振动觉、痛觉阈值升高，前臂感觉和运动神经传导速度减慢，神经远端潜伏期延长。肌电图检查可见神经源性损害。

振动性白指又称职业性雷诺现象，是诊断手臂振动病的重要依据。其发作具有一过性特点，一般是在受冷后，患指出现麻、胀、痛，并由灰白变苍白，由远端向近端发展，界限分明，可持续数分钟至数十分钟，再逐渐由苍白变潮红，恢复至常色。白指常见的部位是食指、中指和无名指的远端指节，严重者可累及近端指节，以至全手指变白。

重度手臂振动病的病情比较严重，多数手指经常发作，手部肌肉明显萎缩或出现“鹰爪样”手部畸形，严重影响手部功能。

2. 易患手臂振动病的职业人群

易患手臂振动病的主要是以下几类人群：

（1）经常从事操作锤打工具的劳动者。如操作凿岩机、空气锤、筛选机、风铲、铆钉机和捣固机的劳动者。

（2）经常手持转动工具的劳动者。如操作电钻、风钻、喷砂机、金刚砂抛光机和钻孔机的劳动者。

（3）经常使用固定轮转工具的劳动者。如使用砂轮机、抛光机、球磨机和电锯的劳动者。

（4）长时间驾驶交通运输车辆与使用农业机械的劳动者。如驾驶拖拉机、收割机、汽车、火车、船舶、飞机和使用脱粒机等的劳动者。

（5）其他。如高尔夫、台球运动员都有可能患此病。

3. 手臂振动病的预防与治疗措施

（1）手臂振动病的预防措施。

从事振动作业的劳动者应定期进行健康体检，一旦发现手指、手掌出现麻、胀、痛，要及时治疗，如果确认是因工作致病，应调换工种；控制振动源，通过减振、隔振等措施，减轻或消除振动源的振动；限制作业时间和振动强度，如穿戴防振手套、使用减振座椅等，尽可能减轻振动危害；日常生活中应坚持适度的体育锻炼，注意保暖。

（2）手臂振动病的治疗措施。

手臂振动病目前尚无特效疗法，基本原则是根据病情进行综合性治疗。应用扩张血管及营养神经的药物，改善末梢循环。也可采用活血化瘀、舒筋活络类的中药治疗并结合物理疗法、运动疗法等，促使病情缓解。必要时可进行外科治疗。

轻度手臂振动病患者根据实际情况可调离接触手传振动的作业，进行适当治疗，并根据情况安排其他工作。中度手臂振动病和重度手臂振动病患者必须调离振动作业，积极进行治疗。

六、职业性肿瘤

1. 呼吸道肿瘤

在职业性肿瘤中，呼吸道肿瘤占很大的比例。目前，我国已知对职业人群具有致呼吸道肿瘤作用的物质有砷及其化合物、石棉、铬及其化合物、氯甲醚类、放射性物质等。

（1）砷及其化合物。

对职业人群的调查证明，接触无机砷化合物可引起呼吸道肿瘤，特别是肺癌。含砷有色金属冶炼，特别是铜冶炼工人因接触氧化砷，肺癌发病率比普通人群显著增高。调查已证实，接触砷的累积剂量与呼吸道肿瘤死亡率有明确的接触水平—反应关系。

（2）石棉。

石棉是国际公认的致癌物质，大量的调查研究证明，肺癌是威胁石棉工人健康的一种主要疾病，占石棉工人总死亡的 20%。从接触石棉至发病的潜伏期约为 20 年，并呈明显的接触水平—反应关系。流行病学调查表明，石棉致癌作用的强弱与石棉种类及纤维形态有关，青石棉致肺癌的作用要大于温石棉。石棉还可致胸腹膜间皮瘤。

（3）铬及其化合物。

对职业人群流行病学的调查已证明，铬特别是 6 价铬可致呼吸道肿瘤。从事铬酸盐生产工人的肺癌发病率比一般人群高，其肺癌死亡占全部死亡的 20%～45%（一般人群仅为 1%～2%）；在全部癌症中，肺癌占 50%～80%（一般人群为 8%～12%）；铬酸盐生产工人发生肺癌死亡的危险度比一般人群高 3～30 倍。

（4）氯甲醚类。

工业上应用此类化合物有两种：双氯甲醚和氯甲基甲醚，多用于生产离子交换树脂。两种化合物对呼吸道黏膜均有强烈的刺激作用。大量研究证明，氯甲醚类可致肺癌。据调查显示，氯甲醚类作业工人的肺癌发病率为

889.68/10万，肺癌死亡率为533.81/10万，显著高于非接触人群，且呈剂量一反应关系。氯甲醚类所引起的肺癌多为燕麦细胞（未分化小细胞）型肺癌，恶性程度高。

2. 职业性皮肤癌

职业性皮肤癌是最早发现的职业肿瘤，约占人类皮肤癌的10%。职业性皮肤癌与致癌物的关系，往往最直接、最明显，常发生于暴露部位的接触局部。能引起皮肤癌的主要化学物质有：煤焦油类、沥青、石蜡、氯丁烯、砷化物等。煤焦油类物质所致接触工人的皮肤癌最常见。在煤焦油类物质中，主要含致癌力最强的苯并［a］芘及少量致癌性较弱的其他多环芳烃。

接触无机砷化合物可诱发皮肤癌。临床表现为，早期见四肢及面部皮肤出现过度角化、色素沉着、溃疡。这些变化属于癌前病变，进一步发展成扁平细胞角化癌或腺癌。

职业流行病学调查表明，长期接触X射线又无适当防护的工作人员患皮肤癌的概率增多，潜伏期为4～17年，多见于手指。临床表现为：早期见皮肤呈局灶性增厚，有较深的皱纹与擦损、局部萎缩、皮肤色素加深或减退、毛细血管扩张、指甲变脆、甲面成沟并凹陷，有时可出现溃疡，在皮炎的基础上出现癌变。

3. 职业性膀胱癌

职业性膀胱癌死亡病例中有30%的人有致癌物接触史。主要的致癌物质为芳香胺类。高危职业有：生产萘胺、联苯胺和4－氨基联苯的化工行业；以萘胺、联苯胺为原料的橡胶添加剂、颜料等制造业；使用芳香胺衍生物为添加剂的电缆、电线行业等。

芳香胺所致膀胱癌发病率各国报道不一，最低3%，最高71%，几种不同芳香胺致癌平均发病率为26.2%。职业流行病学调查表明，接触β－萘胺者膀胱癌发生率比普通人群高61倍；接触联苯胺者高19倍，接触α－萘胺者高16倍。

4. 其他职业性肿瘤

接触氯乙烯可引起肝血管肉瘤，多见于接触高浓度氯乙烯的清釜工，其潜伏期为 10～35 年。

接触苯可能引起白血病，多数出现在接触苯后数年至 20 年，短者仅 4～6 个月，长者可达 40 年。苯中毒以急性粒细胞性白血病最常见，也可引起较罕见的红细胞白血病。苯中毒引起白血病的发病通常继发于全血细胞减少或再生障碍性贫血之后。我国报道的白血病病例，在发病前多出现全血细胞减少或再生障碍性贫血。

5. 职业性肿瘤特征及易患人群

致癌物进入人体或接触后，容易发生肿瘤的病变部位有其相对固定的器官或组织。肺（包括气管、咽喉、鼻腔等）、皮肤是职业性肿瘤的主要好发部位，这与接触的致癌物质有关。如接触多环芳烃所致皮肤癌多在劳动者身体的暴露部位；接触无机砷化合物所致皮肤癌则在劳动者身体的非暴露部位，且易复发；被电离辐射照射的劳动者所致职业性肿瘤，因直接照射，患皮肤癌的较多。吸入电离辐射尘粒的劳动者患肺癌的较多，如该电离辐射物沉积于骨的元素则多发骨肉瘤或白血病。

职业性肿瘤与非职业性肿瘤在临床表现、发病部位、病理组织学类型上并无太大区别。但与非职业性肿瘤相比，职业性肿瘤仍有着明显特征：有病因明确的职业接触史，与一般癌症相比，职业性肿瘤有特殊的接触某种致癌因素的历史。发病年龄明显提前，根据 2002 年对职业性肺癌的流行病学调查，职业性肺癌的发病年龄较一般肺癌早 10～15 年。而芳香胺类引起的泌尿系统癌症，发病年龄以 40～50 岁多见，较非职业性肿瘤的发病年龄早 10～15 年。

石棉生产、制革、造纸、化纤、化工及金属冶炼等行业的劳动者面临患职业性肿瘤的风险较大；石棉、砷加工、镉、煤焦油等相关行业的劳动者易患肺癌；制革、制铝、品红制造等行业的劳动者患膀胱癌的可能性较大；工作中接触甲醛、异丙醇、石棉粉、芥子气等的劳动者有较高的鼻咽癌患病风险；长期接触苯的印刷业、X 射线的劳动者患淋巴瘤和白血病的概率大幅升高；接触砷、氯乙烯的劳动者则容易患肝癌。

6. 职业性肿瘤的预防与治疗措施

（1）处理原则。职业性肿瘤的处理原则有：脱离致癌物的接触；按恶性肿瘤治疗原则积极治疗，定期复查。

（2）预防对策。由于致职业性肿瘤的因素比较明确，可采取相应的措施加以预防，或将其危险度控制在最低水平。

①加强对职业性致癌因素的控制和管理。对目前已知的职业性致癌因素采取有效的控制和管理措施是降低职业性肿瘤发病的重要手段，主要包括改革工艺流程、加强卫生技术措施等。

②对职业性致癌因素接触者做定期医学监护，筛选高危人群，早期发现，及时诊断治疗。

③生产环境中的职业性致癌因素应定期监测，使其浓度或强度控制在国家职业卫生标准规定以下。

④个体防护。有毒有害物质可通过皮肤、消化道、呼吸道进入机体或机体特定的组织和器官，因此职业性致癌因素接触者在工作中需佩戴适当的防护用品，如防护口罩、工作服等，被污染的防护用品需专人处理，禁止穿戴至家中。

七、职业性白内障

职业性白内障是指劳动者在生产劳动过程及其他职业活动中，接触化学毒物、辐射线以及其他有害的物理因素所引起的以眼晶状体混浊为主的疾病。职业性白内障的诊断要有明确的化学、物理等职业性有害因素接触史，以眼晶状体混浊为主要临床表现，参考作业环境调查和空气中化学物质浓度测定及辐射剂量的测量资料，综合分析，排除其他非职业因素所致眼晶状体改变，方可诊断。

1. 职业性白内障的分类

常见的职业性白内障有中毒性白内障、电离辐射性白内障、非电离辐射性白内障和电击性白内障。

（1）中毒性白内障。

中毒性白内障是由于长期接触三硝基甲苯、萘、铊、二硝基酚引起的。以三硝基甲苯职业性白内障最常见。

（2）电离辐射性白内障。

电离辐射性白内障是指 X 射线、γ 射线、中子及高能 β 射线等电离辐射所致眼损伤。

（3）非电离辐射性白内障。

非电离辐射性白内障主要包括微波白内障、红外线白内障和紫外线白内障。微波白内障是指电磁波中 300 兆赫兹～300 吉赫兹频率范围或 1 米～1 毫米波长辐射所致眼损伤。红外线白内障是高温作业环境下热辐射所致眼损伤。接触紫外线也可引起白内障。

（4）电击性白内障。

电击性白内障是指检修带电电路、电器，或因电器绝缘性能降低所致漏电等电流接触体表后发生的电击造成的眼损伤。

2. 职业性白内障的症状

（1）眼睛刚出现白内障时没有任何征兆，只是有时眼前会出现固定性的黑点。

（2）眼睛出现白内障时主要症状是视力减退和视物模糊，并出现逐渐加重的视力下降问题。

（3）阅读或看电视时眼睛容易出现疲劳，而且视野中的物体出现变形或扭曲的情况，看到的事物可能会有眩光感或视物呈双影，这种情况尤其是在白天更明显。

（4）随着眼睛晶体混浊程度的加重，会出现复视或多视的情况，眼部视力也逐渐下降。白内障比较严重时会出现视物模糊、怕光、看物体颜色较暗或呈黄色等情况，如果任其发展，最后会导致视力逐渐降低，甚至失明。

3. 职业性白内障的处理原则

（1）治疗原则。按白内障常规治疗处理，如晶体完全混浊，可施行白内障摘除术，术后酌情佩戴矫正眼镜，有条件者可进行人工晶体移植术。

（2）其他处理。职业性白内障晶体混浊为不可逆性损害，并可影响视功能

（中心视力、视野）。凡对视力发生确切影响者，应脱离接触。已有晶体混浊，而无明显功能损害者，应酌情调换其他工作。晶体混浊，视力或视野明显受损者，应适当安排休息，或从事轻体力劳动。

4. 职业性白内障的防治

（1）尚未达到手术程度的白内障患者，读书写字时，尽量避免直射的强光，外出或室内有强光时戴有色眼镜；可口服抗衰老药物，如维生素 E、维生素 C、维生素 B_2 和局部点用抗白内障药物；积极治疗影响白内障手术的疾病，如高血压、糖尿病、心脏病等。

（2）需要进行手术治疗的白内障患者，要听从医生指导及时手术。手术后要注意休息，少用目力，并定期到医院检查。术后如出现视力下降，应尽早到眼科检查有无影响视力的疾病。

八、职业性放射性疾病

职业性放射性疾病是由电离辐射照射机体引起的一系列疾病，包括外照射急性放射病、外照射亚急性放射病、外照射慢性放射病、内照射放射病、放射性皮肤损伤、放射性肿瘤、放射性骨损伤、放射性甲状腺疾病、放射性性腺疾病、放射复合伤以及根据《职业性放射性疾病诊断标准（总则）》可以诊断的其他放射性损伤。

接触 X 射线、γ 射线或中子过程中，由于长期受到超剂量当量限值的照射，累积剂量达到一定程度后可引起外照射放射病。内照射放射病是经物理、化学等手段证实有过量放射性核素进入人体，形成放射性核素内污染，其有效累积剂量当量可能大于 1.0 希沃特；或者较长有效生物半衰期的放射性核素，一次或多次进入体内，使机体放射性核素摄入量超过相应的年摄入量限值几十倍。

1. 外照射急性放射病

外照射急性放射病是指人体全身或多器官多组织受到一次或短时间内（数日）分次大剂量外照射引起的全身性疾病。外照射急性放射病与受照剂量有密切关系，受照剂量越大则放射病越严重。

外照射急性放射病可根据受照剂量大小和临床特点，由轻到重分为骨髓型（造血综合征）、肠型（胃肠综合征）和脑型（神经综合征）等 3 种类型。

（1）骨髓型急性放射病，是以骨髓造血组织损伤为基本病变，以白细胞数减少、感染、出血等为主要临床表现，其病程经过具有初期、假愈期、极期和恢复期 4 个典型阶段的急性放射病。按其病情的严重程度，可分为轻度、中度、重度和极重度 4 种程度。受照射剂量范围为 1～10 戈瑞。

（2）肠型急性放射病，是以胃肠道损伤为基本病理改变，以频繁呕吐、严重腹泻以及水电解质代谢紊乱为主要临床表现，其病程经过具有初期、假愈期和极期 3 个阶段的急性放射病。受照射剂量范围为 10～50 戈瑞。

（3）脑型急性放射病，是以脑组织损伤为基本病理改变，以意识障碍、定向力丧失、共济失调、肌张力增强、角弓反张、抽搐和震颤等中枢神经系统症状为主要临床表现，其病程经过具有初期和极期 2 个阶段的急性放射病。受照射剂量 >50 戈瑞。

2. 外照射慢性放射病

外照射慢性放射病是指放射工作人员在较长时间内连续或间断受到较高剂量的外照射，达到一定累积剂量后引起的以造血组织损伤为主并伴有其他系统改变的全身性疾病。

慢性照射的生物效应与急性照射不同。对慢性照射可耐受较大剂量，因为每次照射的剂量小，损伤轻，机体有修复能力，形成一个损伤—修复—再损伤—再修复的连锁过程，只有当累积剂量达到一定程度时，才产生临床效应。

外照射慢性放射病的临床特点是：发病慢、病程长、主观症状多、客观体征少。根据病情轻重程度可分为Ⅰ度和Ⅱ度。临床表现有明显的无力型神经衰弱综合征，如头晕、疲倦、无力、失眠或嗜睡、多梦、记忆力减退、食欲缺乏等，并伴有自主神经功能紊乱现象。一般健康检查基本正常，有些患者血压可能在正常低值、束臂试验阳性（可能由于毛细血管脆性增加）、基础代谢和甲状腺功能偏低等。工龄较长的放射科医务人员中，可见到手部皮肤干燥、粗糙、脱屑、皲裂，也可能有指甲纵嵴易脆裂、指纹变浅。比较肯定的客观指标是外周血白细胞总数有不同程度的减少，较长时间持续在 4.0×10^9/ 升以下；有些患者伴有血小板数量减少，较少患者伴有血红蛋白降低，个别严重者可发生全血细胞减少。白细胞除数量减少外，有时可能伴有质的变化，如核固缩、核溶解、空泡和中毒性颗粒等的出现。骨髓检查可见增生活跃或低下，也可能有外周血淋巴细胞染色体畸变率和微核率增高。

3. 内照射放射病

内照射放射病是过量的放射性核素进入人体，使全身受到照射，其有效累积剂量当量大于 1 希沃特，而引起的全身性疾病。原因是在工业、农业、医学和科学研究等方面应用放射性核素过程中，不遵守操作规程、不注意安全防护规定、发生意外事故等，或者由于原子弹爆炸的放射性沉降物的污染。放射性核素可通过消化道、呼吸道、伤口或皮肤黏膜进入体内。

不同的放射性核素具有不同的理化特性，进入体内后，可引起全身的和（或）局部紧要器官损害的双重表现。进入体内后呈均匀性分布的放射性核素如氚、钠等，可引起全身性的放射性污染，其临床表现与外照射放射病相似，如神经衰弱综合征和造血系统障碍等。有的放射性核素有选择性分布，对某些器官有亲和力，则引起该紧要器官损害的临床表现，如放射性碘参与机体的代谢，主要集中在甲状腺，可引起结节形成等，甚至诱发癌症。放射性镭、锶等为亲骨性核素，可沉积在骨骼而引起骨痛、骨质疏松、病理性骨折、骨坏死甚至诱发骨肉瘤等。如使用荧光粉表盘涂料描绘仪表的人员，在 20 ~ 30 年或更长时间后可发生骨肉瘤。稀土元素和以胶体形式进入人体的放射性核素，可引起单核吞噬细胞系统、肝、脾、骨髓等的损害，如 X 射线诊断用的胶质二氧化钍造影剂，可损害肝脏，甚至引起肝癌。铀主要沉积在肾脏，损伤肾脏，铀矿工人长期吸入氡及其子体，可发生肺癌。以上表现大多为晚期效应，大量放射性核素进入体内而引起急性损伤的例子极少。

4. 放射性皮肤损伤

放射性皮肤损伤是由于放射线（主要是 X 射线、β 射线、γ 射线及放射性同位素）照射引起的皮肤损伤。皮肤是人体面积最大的器官，它包围着整个人体，直接与周围环境接触，对于任何生产性有害因素，皮肤总是最先接触，因而职业性皮肤病在职业性疾病中，占有较大的比重。放射性皮肤损伤分为急性放射性皮肤损伤和慢性放射性皮肤损伤。

急性放射性皮肤损伤是指身体局部受到一次或短时间（数日）内多次大剂量（X 射线、γ 射线及 β 射线等）外照射所引起的急性放射性皮炎及放射性皮肤溃疡。潜伏期为数日，按损伤轻重程度分为 4 度。Ⅰ度损伤表现为受照部位毛发脱落；Ⅱ度损伤表现为红斑形成，有皮肤瘙痒、灼热、灼痛感；Ⅲ度损伤表现为红斑瘙痒、烧灼感、肿胀及疼痛明显，有水泡形成；Ⅳ度损伤表现为红斑破溃、组织坏死等。

慢性放射性皮肤损伤是由急性放射性皮肤损伤变化发展而来或由小剂量射线长期照射（职业性或医源性）后引起的慢性放射性皮炎及慢性放射性皮肤溃疡。慢性放射性皮肤损伤分为 3 度。Ⅰ度为皮肤干燥、色素沉着或脱失、粗糙，指甲灰暗或纵嵴色条甲；Ⅱ度为皮肤角化过度、皲裂或萎缩变薄，毛细血管扩张，指甲增厚变形等；Ⅲ度为坏死溃疡、角质突起、肌腱挛缩、关节变形、功能障碍等。

5. 放射性性腺疾病

性腺是对电离辐射高度敏感的器官之一，在辐射事故及职业性照射条件下常常引起不孕症及月经失常。放射性不孕症是性腺受一定剂量照射后所致的不孕，根据剂量大小又分为暂时性及永久性不孕症。电离辐射所致卵巢功能损伤或合并子宫内膜破坏、萎缩、停经 3 个月以上称为放射性闭经。

表 3-1　不同照射条件导致放射性不孕症的剂量阈值

受照条件	受照器官	剂量阈值（单位：戈瑞）	
		暂时性	永久性
急性照射	睾丸	0.15	>3.5
	卵巢	0.65	2.5～6.0

续 表

受照条件	受照器官	剂量阈值（单位：戈瑞）	
		暂时性	永久性
慢性照射	睾丸	0.4	2.0
	卵巢	每年 >0.2 照射多年	每年 >0.2 照射多年

6. 常见职业性放射性疾病的预防与治疗

（1）外照射慢性放射病。

外照射慢性放射病是可以预防的。预防措施为：进行放射工作的建筑物和设备应符合安全防护要求；制订操作规程和安全防护条例；从事放射工作的人员应经过专业训练，并应严格遵守操作规程和防护制度；建立保健制度，按照放射工作人员的健康标准进行就业前和就业后定期健康检查，加强营养和体育锻炼以增强体质，并有营养津贴和休假；建立保健手册，设置保健人员和监督机构，确保各项预防措施的执行；放射工作人员在执行事先计划的超剂量当量限值的照射之前，服用预防药物并做好必要的防护准备。

（2）内照射放射病。

内照射放射病的治疗，一方面要治疗全身情况，这基本同外照射放射病，另一方面要去除体内的放射性污染，尽快减少放射性核素的吸收和加速其排出。放射性核素的排出有快、慢两个时相，进入体内的最初几天，尚未同组织结合时，大部分放射性核素排出很快，同组织结合或沉积在组织内后，则很难排出，所以应抓紧在最初几天内加速排出。除加速排出外，还要对症治疗某些紧要器官的病变。

（3）放射性皮肤损伤。

急性损伤应立即脱离辐射源，防止被照皮肤再次受到照射或刺激；疑有放射性核素沾染皮肤时，应及时清洗，并予以去污处理；对危及生命的损害（如休克、外伤和大出血），应先进行抢救处理。

对Ⅰ度慢性放射性皮肤损伤患者，应妥善保护局部皮肤，避免外伤及过量照射，并进行长期观察；对Ⅱ度慢性放射性皮肤损伤患者，应视皮肤损伤面积的大小和轻重程度，减少射线接触或脱离放射性工作，并给予积极治疗；对Ⅲ度慢性放射性皮肤损伤患者，应脱离放射性工作，并及时给予局部治疗和全身治疗。对久治不愈的溃疡、严重的皮肤组织增生或萎缩性病变，应尽早进行手术治疗。

（4）放射性性腺疾病。

暂时性放射性不孕症：暂时脱离射线，加强营养，每年复查，各项检查正常后可逐渐恢复射线工作。

永久性放射性不孕症：脱离射线，进行中西医结合治疗，加强营养，定期随访，每1～2年复查一次；男性受照后，在精子检查结果未恢复正常前应采取避孕措施。

4 第四章 工作相关疾病

工作相关疾病是与多因素相关的疾病。在职业活动中，由于职业性有害因素等多种因素的作用，导致劳动者患某种疾病或潜在疾病暴露或原有疾病加重。对工作相关疾病来说，工作环境是诱发其发生的重要原因，工作相关疾病比职业病更常见。

一、颈椎病

颈肩痛是指颈部或颈椎的疾病所引起的颈、肩和上肢疼痛等一系列症状，可能由颈肩部肌肉劳损、颈肩肌筋膜炎、颈椎病、肩周炎等疾病引起，其中颈椎病导致的后果往往更加严重。颈肩痛是坐姿作业人群最为常见的不适症状之一，我国相关人群自我报告的颈肩痛发生率高达 60%，占职业人群的 2/3 以上。

1. 颈椎病概述

颈椎病又称颈椎综合征，是颈椎骨关节炎、增生性颈椎炎、颈神经根综合征、颈椎间盘脱出症的总称，是一种以退行性病理改变为基础的疾患。主要由于颈椎长期劳损、骨质增生，或椎间盘脱出、韧带增厚，致使颈椎脊髓、神经根或椎动脉受压，出现一系列功能障碍的临床综合征。

我国成年人中 10 个人至少 1 个人会发生颈椎病，发病率达到 10% 左右，尤其是 45 岁到 60 岁人群发病率更高。国外颈椎病发病率近年报告较少，美国 1995 年颈椎病发病率平均为 8.4%，日本 1998 年颈椎病发病率平均为 9.5%。

随着社会经济和信息技术发展，工作方式发生了很大变化，越来越多的年轻人从事长时间坐姿、缺乏体育锻炼的办公室工作。30 岁以下的现代人成了颈椎问题最主要的攻击对象，占颈椎病患者的 25.3%，也就是说，每 4 个颈椎病患者中就有 1 个年轻人。

从职业来看，长时间使用计算机的人群颈椎病发病率最高，平均发病率可超过 20%，如互联网从业人员、教师、财会人员、科研人员、编辑、政府行政人员等。

2. 颈椎病的症状表现

临床上将颈椎病分为颈型颈椎病、神经根型颈椎病、椎动脉型颈椎病、脊髓型颈椎病、交感神经型颈椎病、食管压迫型颈椎病，而且不同形式存在的主要症状不同。

（1）颈型颈椎病（在临床上极为常见，是最早期的颈椎病），也称局部型颈椎病，其具有头、肩、颈、臂的疼痛及相应的压痛点，X 线片上没有椎间隙狭窄等明显的退行性改变，但可以有颈椎生理曲线的改变，椎体间不稳定及轻度骨质增生等变化。

（2）神经根型颈椎病（这种类型的颈椎病具有典型的根性症状，不易与其他疾病混淆），表现为一侧肢体或两侧肢体麻木，颈部活动不便，有疼痛感。

（3）椎动脉型颈椎病（许多人到内科看头晕、低血压，却没有怀疑颈椎病），表现为头晕、恶心、迷糊等症状，易与高、低血压，眩晕症等内科疾病混淆。

（4）脊髓型颈椎病（是颈椎病中最为严重的一种），是由于骨头增生压迫骨髓或颈间盘突出压迫骨髓造成的。患者有四肢发软、走路不稳、有踩棉花的感觉等症状。

（5）交感神经型颈椎病（易与神经科、内科疾病混淆），是对交感神经产生刺激压迫造成的。患者表现为一边脸出汗减少、同侧眼睑变小、脸肌有变化、半面脸部肌肉出现萎缩等症状。

（6）食管压迫型颈椎病（易与食道肿瘤混淆），是由于颈椎蜕变、增生在椎体前侧形成骨桥，对食管造成压迫。患者在吃东西时常有被噎住的感觉，嗓子处总感觉像火烧一样，有时还会发生食道炎。

延伸阅读

一扭脖子就咔咔响，是不是颈椎病？

扭脖子的时候有声音，这个声音叫作关节弹响，具体到脖子就是颈椎关节弹响。它是关节软骨摩擦、碰撞产生的。关节腔的骨头末端覆盖有一层关节软骨，俗称“脆骨”，脆骨与一般骨头的不同之处在于脆骨具有很好的弹性，可以有效缓冲关节运动时产生的冲击力，保护关节的灵活。长时间让颈椎处于一个固定的姿势后再转动脖子，软骨之间摩擦、碰撞，就可能发出“咔咔”的声音。

关节弹响并不完全意味着颈椎病，但两者之间也有一定的相关性。关节弹响分为生理性和病理性。生理性的关节弹响，没有疼痛及功能障碍，只是单纯地发出声音。病理性的关节弹响，在发出声音的同时，往往伴有肩颈酸胀、沉重，手臂发麻，发麻感可以传递到指尖，引起头晕，甚至心慌、心悸，有人还会出现眼前发黑的症状。

3. 颈椎病的病因

（1）颈椎的退行性改变。颈椎的退行性改变是颈椎病发病的主要原因，其中椎间盘的退变尤为重要。

（2）发育性颈椎椎管狭窄。颈椎管内径尤其是矢状径与颈椎病的发生与发展、诊断、治疗、手术方法选择以及预后判定有密切关系。

（3）颈椎的先天性畸形、外伤。

（4）慢性劳损。慢性劳损是指超过正常生理活动范围最大限度或局部所能耐受时的各种超限活动。主要来自以下 3 种情况：

①不良的睡眠体位。因其持续时间长及在大脑处于休息状态下不能及时调整，必然造成椎旁肌肉、韧带及关节的平衡失调。

②不当的姿势。长时间处于坐位尤其是低头工作、低头看手机等。

③不适当的体育锻炼。超过颈部耐量的活动或运动，如以头颈部为负重支撑点的人体倒立或翻筋斗等，均可加重颈椎的负荷，尤其在缺乏正确指导的情况下。

表 4-1　可能导致颈椎病的危险因素

个人因素
女性 年龄 45～60 岁 较少参加体育锻炼 不良生活姿势（半躺半靠在床头或沙发上看电视、看书，高枕等）
个体因素
计算机工作 工作时间长（保持同一姿势 1～2.9 小时以上） 工作姿势不当（长时间颈部前伸、低头或仰头）
环境因素
计算机工作站（工位）设计不合理 环境寒冷潮湿

4. 颈椎病的预防措施

（1）端正坐姿，尽可能保持自然的端坐位。

（2）调整工作台的高度和倾斜度，原则上使头、颈、胸部保持正常的生理曲线。

（3）注意颈部保暖，忌吹风淋雨，冬天可用围巾护颈，夏天避免空调冷风和电风扇直吹颈肩部，避免久居空调环境。

（4）增加工间休息和活动时间，可间隔 1～2 小时离开工位，起身活动肢体和颈项，以增强血液循环，消除局部肌肉疲劳。

（5）使用合适的枕头，维持头颈部的生理曲线，从而既保证了颈椎外在的肌平衡，又保持椎管内的生理解剖状态。一般来说枕高以 8～15 厘米较为合适，但具体尺寸要因每个人的生理弧度而定。习惯仰睡的人，枕头高度应以压缩后与自己的拳头高度（握拳虎口向上的高度为拳高标准）相等为宜；习惯侧睡的人，其枕头高度应以压缩后与自己的一侧肩高度一致为宜。

5. 颈椎病的自我保健

（1）适当进行颈部锻炼，可做慢速而有节律的颈项前屈、后伸、左旋、右旋、左侧屈、右侧屈、顺时针和逆时针转动，每次 10 分钟，每天进行 2～3 次。患有椎动脉型颈椎病的患者进行颈部锻炼时，颈部旋转运动宜轻柔缓慢，幅度要适当控制。

（2）感觉颈部疲劳时，可及时进行自我推拿，以疏通经脉，放松肌肉。可用食、中、无名三指按揉颈部，重点按揉有酸胀感处，用拳轻捶颈背，沿颈部肌肉走向摩擦颈部，以微热为度等。

（3）用热毛巾和热水袋局部外敷颈部，可改善血循环，缓解肌肉痉挛，消除肿胀以减轻症状。

但要注意，不是任何时候都可以通过上述措施缓解颈椎病。比如：

（1）症状急性发作期宜局部休息，不宜增加运动刺激。有较明显或进行性脊髓受压症状时禁忌运动，特别是颈椎后仰运动应禁忌。

（2）脊髓型颈椎病一般禁止重力按摩和复位，否则极易加重症状，甚至可导致截瘫。

（3）禁忌闭目做大幅度的颈部环绕动作，防止椎动脉和颈部神经受压迫而产生头痛、晕厥以及肩臂疼痛和手指发麻的症状。

（4）急性期患者疼痛症状较重时不宜做热敷。

二、腕管综合征

腕管是指在手腕部位，腕横韧带与腕骨沟之间形成的骨性纤维通道，其中有正中神经及若干肌腱通过，是通道窄但内含丰富的地方。当腕部受到外伤或慢性劳损等导致该通道内周径进一步变小后，就可能压迫到在其中通过的正中神经，导致一系列症状产生。近年来，随着电脑办公等生活方式的改变，腕管综合征的发病率越来越高，发病年龄也明显降低，已逐渐成为最常见的神经受压综合征之一，占所有神经病变的 90%。

1. 腕管综合征概述

腕管综合征是最常见的周围神经卡压性疾患，又称腕管狭窄症、迟发性正中神经麻痹，是由于腕部外伤、骨折、脱位、扭伤或腕部劳损等原因引起腕横韧带增厚，管内肌腱肿胀，瘀血机化，使组织变性，或腕骨退变增生，使管腔内周径缩小，从而压迫正中神经，引起手指麻木无力为主的一种病症。

据不完全统计，腕管综合征的发病率大概为 276/10 万。欧洲的流行病学调查研究显示，腕管综合征的主要发病人群是 40～60 岁的正常人，患病率为 4%～5%，女性患病率（9.2%）高于男性患病率（6%）。在美国，其发病率约为 0.4%。

现在由于越来越多的人每天长时间接触、使用电脑，重复着在键盘上打字和移动鼠标，腕关节因长期密集、反复和过度的活动，腕管综合征也迅速成为一种日渐普遍的现代文明病，俗称“鼠标手”。除了电脑族易患“鼠标手”，一些需要大量活动双手的职业人群，如钢琴师、教师、记者、编辑、设计者、矿工、装配工、木工、厨师、运动员等，也是腕管综合征的易感人群。家庭主妇由于家务繁重，而且女性腕管本身就比男性细窄，也容易患腕管综合征。另外，一些特殊人群如孕妇、高血压和糖尿病患者等也容易患腕管综合征。

2. 腕管综合征的症状表现

腕管综合征是正中神经受压的一种病症，主要症状为腕部的疼痛及指端的麻木、无力，刚开始症状较轻，无明显的并发症状，症状较严重时可能会引起前、上臂或者肩部的疼痛。

（1）典型症状。

腕管综合征临床表现主要为手部正中神经支配区域的感觉障碍和运动障碍。

感觉障碍为本病特征性症状，表现为拇指、食指、中指麻木、疼痛，开始为间歇性，逐渐呈持续性、进展性，可放射到肘、肩部。常在夜间或清晨及劳累时加重，患者常常会夜间痛醒，甩手、局部按摩或上肢悬垂于床边时症状缓解。叩击腕部正中神经部位，患者前臂与地面保持垂直，屈曲腕关节，40 秒后会感觉症状加重。

运动障碍。拇外展、屈曲和对掌肌力减弱。压迫腕掌侧可加重症状。做抓、握、搓、捻等动作时费力，严重者可见鱼际肌萎缩、瘫痪。

（2）并发症。

慢性腕管综合征时间较长，一些较为严重的病症因为腕管内压迫时间较长，可能导致神经传导弧功能障碍，出现双手运动无力、不灵活，神经受损不可恢复。

3. 腕管综合征的病因

大部分腕管综合征没有明确的致病因素，称为特发性腕管综合征。继发性腕管综合征则与诸多危险因素相关。

（1）外源性压迫。

腕横韧带的韧性较大，因此来自腕管表面的压迫导致的神经症状在临床上较为少见。当掌屈腕关节时，正中神经会相应受到压迫，此时用力握拳，腕管压力增大，神经压迫会进一步加重。

（2）管腔本身变小。

腕横韧带增厚或腕管狭窄是管腔本身变小的主要原因。创伤后瘢痕形成、内分泌病变等均可能造成腕横韧带增厚；腕管狭窄主要因腕部骨折、脱位等原因导致。

（3）管腔内容物体积增大、数量增多。

腕管内的病理性改变（如腱鞘囊肿等），或腕管内容物出现生理性改变，占据腕管容积，使管腔内容积变小，腕管内各种正常结构受到相互挤压。

（4）职业因素。

腕部经常反复过度用力的职业人群中，腕管综合征的患病率较其他职业人群显著增加。如长时间使用鼠标或键盘的电脑族、木工、屠夫、厨工等。

4. 腕管综合征的预防措施

经常使用电脑的人应将键盘放在身体正前方中央位置，键盘和鼠标的高度最好低于坐着时的肘部高度，这样可以减少操作电脑时对腰背、颈部肌肉和手肌腱鞘等部位的损伤。

工作时，肘部工作角度应大于 90 度，以避免肘内正中神经受压。前臂和肘部应尽量贴近身体并尽可能放松。使用鼠标时，手臂不要悬空，以减轻手腕的压力，移动鼠标时不要用腕力而尽量依靠臂力，以减少手腕受力。不要用力敲打键盘及鼠标的按键。另外，最好选用弧度大、接触面宽的鼠标，使用鼠标时可配合使用“鼠标腕垫”垫在手腕处，有助于力的分散。平时应养成良好的坐姿。不论工作或休息，都应该注意手和手腕的姿势。伏案工作者应把椅子调整到最舒适的高度，坐姿挺直并建议使用优质背垫，坐下时双脚正好能平放在地面或脚垫上。

工作期间经常伸展和松弛操作手，每工作 1 小时，可缓慢弯曲手腕 10 秒钟，也可工作 1 小时，中间休息一下，做 10 秒钟的握拳活动，使手部的各关节都能得到放松。“鼠标手”早期症状比较轻，只在使用鼠标时容易抽筋或手掌偶感发麻。一旦出现了手麻、手痛，特别是出现夜间麻醒的情况，一定要找手外科医生诊治。

延伸阅读

腕管综合征的自我保健动作

动作 1：手腕操

肘部弯曲，手握空拳，两拳相对，手心向自己，两手上下摆动 10 次，手心向下，两手再次摆动 10 次，重复做 6 遍。

动作 2：屈指肌腱拉伸

一侧手心向上，手肘及手腕弯曲，手指做伸展动作的同时慢慢伸直手肘，此时会感到前臂紧绷，拉伸 1 分钟，每天做 2~3 次。

动作 3：局部按摩

一侧手心朝上，置于垫子上，用另一只手的手掌轻轻按压手腕部位，从腕部向掌部往前推 10 次，将手心朝下再推 10 次，重复 6 遍，每天做 1~2 次。

三、下背痛

腰椎也就是下背部，是人身体中非常神奇的一部分，下背部连接的骨骼、关节、韧带、神经和肌肉同时协同二作来为身体提供支撑、柔韧性和力量。下背部和臀肌区域每天都会承受很多压力，所以这一区域是身体中最容易受伤的部位。在工作中久坐会导致下背痛，据国家卫生健康委员会的数据显示，我国已有超过 2 亿人腰椎出现了问题，还有大约 50% 的人有腰痛的症状。

1. 下背痛概述

下背痛又称腰痛、下腰痛，表现为腰骶臀部的疼痛症状，伴有或不伴有下肢的症状。下背痛不是一种疾病诊断，而是以背部疼痛为代表的一组症候群或症状综合征。美国卫生保健政策与研究协会将下背痛定义为由于背部症状所致的活动限制和不舒适。

下背痛是最常见的疼痛症状，几乎影响着各个年龄段的人。研究表明，80% 的人在一生中的某个时候都会经历下背痛。无论 30 岁还是 50 岁，都可能经历下背痛带来的不适、麻木或刺痛感。根据《*Global Burden of Disease* 2010》的统计，下背痛的发生率高达 9%，是全球最影响生活质量甚至致残的疾病之一。如果无人照料或治疗不当，其中一些残疾可能成为永久性的。下背痛一般呈间歇性发作，严重时，可丧失劳动力，间歇期数月至数年不等，不发作时症状消失且能进行正常活动。站姿工作和坐姿工作均可发生下背痛，其中以站立负重工作发病率最高。背部症状主要包括背部及与背部有关的疼痛（坐骨神经痛），半数以上的劳动者在工作期间曾患过下背痛。

2. 下背痛的症状表现

（1）以疼痛性质来说，下背痛可以分为神经性下背痛以及物理性下背痛。

①神经性下背痛以神经根病变为主，可能合并有坐骨神经痛、麻木、感觉异常、肢体无力、反射减弱或消失等情形，一般来说，属于较为严重的下背痛类型。

②物理性下背痛又名肌肉骨骼型下背痛，也可称之为非特定性下背痛，是

最常见的下背痛类型。

（2）若以发生期间来说，下背痛可以分为急性、亚急性及慢性下背痛 3 种类型。

①疼痛若未超过 6 周，被称为急性下背痛。

②疼痛若超过 6 周，被称为亚急性下背痛。

③疼痛若超过 3 个月，被称为慢性下背痛。

（3）与职业因素有关的慢性腰背痛疾病也称职业性下背痛，主要有 3 种类型：

①腰功能不全，表现为下背部疲劳、强直或疼痛，清早起床向前弯腰、持久保持站或坐的姿势均可引起发作，发作时腰不能伸直。

②腰痛，表现为腰部剧烈疼痛，活动受限，多发生于突然用力或转身等动作。

③坐骨神经痛，疼痛向腿的后侧部放射，脚和脚趾可有麻木或刺痛。

上述几种情况可以单独出现，也可以一种以上同时发生。

3. 下背痛的病因

神经性下背痛通常是因各种不同原因造成神经根功能异常引起的，而物理性下背痛多数因肌肉、肌腱、韧带拉伤或扭伤所引起。

对于急性下背痛的发生原因，初步评估重点在于排除潜在的严重疾患，如主动脉剥离、肿瘤、感染、骨折，以及马尾症候群等。疼痛超过 6 周的亚急性下背痛，除上述原因之外，需特别注意是否有脊椎骨髓炎或肿瘤、腰椎滑脱症、腰椎骨刺、腰椎管狭窄症等。疼痛超过 3 个月的慢性下背痛，则需再考虑是否有腰椎退化性病变、腰椎关节病变、致密性髂骨炎、精神疾患等。

职业性下背痛发病的原因主要有：抬举或用力搬移重物、负重，负荷过大可使腰部肌肉、骨骼和椎间盘等支撑系统发生损伤；弯腰和扭转（姿势不当）；身体受震动；气候因素（冷、潮湿、受风）；重体力劳动；工作相关的心理社会因素，如应激、寂寞、缺乏社会支持、工作满意度低等。

4. 下背痛的预防措施

（1）避免久坐，坐姿工作时应将电脑放在身体正前方，电脑屏幕放在水平线下方 5～10 度，肩膀放松，避免耸肩，键盘、鼠标与肘部和手掌放在同一水平上，让脊柱保持自然曲线的同时，身体上身和大腿呈 90～105 度夹角，双脚自然平放在地面上，最好能踩实。

（2）避免急速前弯及旋转、身体过度向后仰等可能会伤害背部的动作，需转身去接或拿东西时，不要只扭转上半身，应尽量扭转整个身体。

（3）拿举物时应将两脚分开约 45 厘米，一脚在前，另一脚稍微在后，膝盖弯曲蹲下，保持背部平直，物品尽量靠近身体，两腿用力站直，将物品举起。

（4）热疗可以改善背痛，如洗热水澡、热敷等，但温度不可过高，时间不可过久，以免烫伤皮肤。

（5）不要长时间维持同一姿势。

（6）适当的运动可以改善及预防下背痛的症状，如游泳、步行、慢跑等。

5. 下背痛的自我保健

生活中可以通过适当的运动进行自我保健，保健运动必须坚持适当的原则，同时卧床时也要注意相应原则。

（1）运动原则。

①动作缓慢。

②每一种动作一开始可以重复 5 次，再逐渐增至 10 次以上。

③坚持每天运动两次，每次 10 分钟。

④若某种运动会引发下背部疼痛，则停止该运动。

（2）卧床原则。

①平躺时膝下放枕头，侧躺时双腿弯曲。

②床垫要稍微硬一点，不要太软。

③急性下背痛需要长时间卧床休息，慢性下背痛最好每天选择时间段卧床休息。

④卧床休息时可配合做适当的运动，如抬臀运动。

延伸阅读

下背痛的保健运动

一、骨盆运动

1. 平躺屈膝
2. 双手置于后背与床之间
3. 感受后背的重量施于双手之上

二、起坐运动

1. 平躺屈膝
2. 将头弯起，使下巴接近前胸
3. 进一步抬起肩膀，使双手触碰膝

三、双手抱膝

1. 平躺屈膝
2. 将两腿先后弯向前胸
3. 两手抱住双腿时感觉背部的张力

四、侧躺举腿

1. 侧躺，下面的腿可微弯
2. 将上面的腿慢慢举高
3. 同样的方法做另一边

五、俯身踢腿

1. 屈膝俯身跪地
2. 双手撑地
3. 向前弯曲膝部，往后踢出

六、大腿拉伸

1. 平躺，双手放在臀部下方
2. 双腿举起，膝部微弯
3. 上下鼓动足部

四、职业紧张

工作中适度的紧张可以激活劳动者的个人潜能，但如果长期处于较高程度的紧张状态下，可引起职业倦怠、抑郁、焦虑、心血管系统疾病、内分泌系统疾病等，降低工作绩效。在工业化、现代化快速推进的过程中，信息海量涌现，社会价值观念多样，生活节奏增速，市场竞争日益激烈，家庭结构和社会关系改变，工作方式变化等，给人们的工作和生活带来无处不在的紧张，这种紧张涉及体力劳动和脑力劳动的各个行业，给劳动者带来的困扰持久而隐蔽。

1. 职业紧张概述

职业紧张也称职业应激，是指在某种职业环境下，客观需求与个人适应能力失衡导致的生理和心理压力。

职业紧张已成为全球范围的流行病。国际劳工组织将精神和行为失调列入2010年版职业病名单。一些国家和地区已将工作场所心理因素所致精神疾患列为法定职业病。长期从事简单重复作业的劳动者更容易发生职业紧张，如劳动密集型企业等各种流水线作业的劳动者；以及长期从事与社会、家庭隔离的工作，如远洋航线、天文观测与地质考察等作业的劳动者；上班时间不固定的工作人员，如医务人员、司机及轮班作业职工等，也易发生职业紧张；精神高度集中的作业，如高空作业、宇航与导航作业等，还有工作环境中人际关系紧张的作业都是职业紧张高发的职业，同时，职业变化过频，如下岗和人员流动过大也会造成心理恐慌及思想不稳定。

2. 职业紧张对机体的影响

（1）职业紧张的具体表现。

心理反应。工作满意度下降、抑郁、焦虑、易疲倦、感情淡漠、注意力不集中、记忆力下降、易怒、回避社会活动、应对能力下降。

生理反应。血压升高、心率加快、血凝加速、皮肤电反应增强、尿酸升高、肾上腺素和去甲肾上腺素的分泌增加，导致血中游离酸和高血糖素增加。

行为表现。主要表现为个体的异常和对待工作态度的异常。个体表现为逃避工作、怠工、酗酒、频繁就医、滥用药物、食欲不振、敌对行为；组织上表现为旷工、缺勤、事故倾向、生产能力下降。

精疲力竭。精疲力竭不仅会丧失工作能力，还可能危及健康。

（2）职业紧张的相关疾病。

支气管哮喘。在社会心理因素和个体特征（哮喘素质）的共同作用下，造成最终的躯体反应。

消化性溃疡。胃肠道是最能反映情绪的器官，心理因素可影响胃液的分泌、胃黏膜血管充盈的程度和胃壁蠕动的变化，与各种体质因素联合作用时，可能产生溃疡。

原发性高血压。由于长期或强烈的心理应激，反复的情绪波动使大脑功能失调导致血压升高。

癌症。心理应激可降低免疫功能。流行病学调查显示癌症患者病前曾受到过较多的精神刺激。

甲状腺亢进。在心理应激的条件下，引起皮质激素及免疫抑制的释放，干扰了机体正常的免疫监视功能，而导致甲状腺功能亢进。

除了以上职业紧张相关疾病，过度的紧张还可诱发其他多种疾病，包括失眠、内分泌失调、心脑血管疾病等。

3. 导致职业紧张的原因

导致职业紧张的原因很多，主要来自 3 个方面：工作环境、工作内容以及社会与经济因素。

（1）工作环境。

工作环境方面，如噪声、通风不良、光线和温度令人不适，设备、工具不符合人体工效学要求都可以导致职业紧张。

（2）工作内容。

工作内容方面，如工作量大、监督太多、工作单调、轮班工作、工作责任不清等是导致职业紧张的重要因素。

（3）社会与经济因素。

社会与经济因素方面，如歧视、竞争激烈、裁员、新技术、转换工作等是职业紧张的另一大诱因。

4. 职业紧张的控制和干预

职业紧张不是由单一因素导致的，面对职业紧张，企业、社会以及个人应该共同努力，对职业紧张进行有效干预。

（1）组织措施。

企业应识别和确定职工职业紧张的源头。由企业领导和管理部门，针对劳动组织过程所存在紧张产生因素，建立多水平干预体系加以控制。合理安排工作量和工作进度，创建健康环境，减少和消除紧张源，提高职工参与、自主、自尊和工作热情，以促进职工健康、提高工作效率和职业满意度，防止职工遭受紧张的不良健康影响。

安排职工参加职业技能与安全培训，帮助职工了解个体特征，鼓励主动适应或调节，增强应对能力。对于已经出现职业紧张并产生了不良健康影响的职工，应给予更多的支持与帮助，积极帮助其进行咨询与治疗。

改善作业环境，控制职业紧张的“病因学”因素；提高职工应对环境压力的技能，加强社会支持，优化职业紧张的“制约因素”，双管齐下，才能有效减少和控制职业紧张。

（2）个人对策。

自我调适。要维持健康的生活方式，均衡饮食，定期运动，练习放松技巧，如冥想和瑜伽等，确保睡眠充足。

饮食方面要多食用深色蔬菜、水果、粗粮，并摄入一定量的蛋奶制品、瘦肉、坚果等；还要避免高油高脂高盐饮食，减少刺激性食物（咖啡、酒精、油炸食品、罐头食品等）的摄入。

积极面对工作中的压力源，学会表达自己的意见。如向管理层反映意见，消除或减少压力来源；跟同事共同商讨解决问题的方法；制定工作计划，改善时间管理；思考工作的意义，加强工作投入感；避免长时间加班。

改善人际关系，寻求社交支援。与同事、家人、朋友建立良好的关系，建立社交支援网络；接纳别人的帮助，也积极帮助有需要的同事；遇到困扰可向信赖的人倾诉，寻找专业心理学家辅导；出现焦虑抑郁症状时，应尽早求医。

延伸阅读

缓解紧张的10种放松法

1. 打盹儿。学会在任何场合，如家中、走廊上、地铁里打盹儿，只需10分钟就会使你精神振奋。

2. 想象。想象一个你所喜爱的地方，把思绪集中在所想象的东西上，并逐渐入境，由此达到精神放松。

3. 伸展运动。伸展对消除紧张十分有益，可以使全身肌肉得到放松。

4. 静坐。在吃饭、工作之前，花3～5分钟闭上眼睛静坐，能够清醒头脑，缓解工作的压力。

5. 按摩。紧闭双眼，用自己的手指尖用力地按摩前额和后脖颈处，有规则地向同一方向旋转。

6. 腹式呼吸。身体自然放松，紧闭双眼。吸气，腹部鼓起，然后紧缩腹部；呼气，然后放松，使腹部恢复原状。正常呼吸几分钟后，再重复这一过程。

7. 借助音乐。在吃饭、干家务时听一些自己喜欢的音乐。欢快悦耳的音乐能够给你在干活时增添不少乐趣。

8. 将困难写下来。如果在工作当中遇到很大的困难，回家后仍然没能放松，那么请拿起笔和纸，一口气将所遇到的困难或不愉快写下来，写完后将那张纸撕碎扔掉。

9. 将居室收拾整洁。一个杂乱无章的住处会给你一种失控的感觉，从而放大了白天的压力。睡觉前花5分钟收拾一下屋子，第二天你就可以看到一个整洁的住处了。

10. 全身放松。舒适地坐在一个安静的地方，双目紧闭，放松肌肉，默默地进行一呼一吸，以深呼吸为主。

五、工作压力导致的心脑血管疾病

随着现代社会进程的不断加快，人们生活水平的不断提高，人们的生活压力也越来越大，加班、熬夜以及精神压力大已经成为现代生活的正常现象。长时间工作、作息不规律会增加心脑血管疾病的患病风险，长期生活不规律、工作压力大甚至会导致心脑血管疾病的急性发作，危及生命。据世界卫生组织和国际劳工组织联合发布的《2000—2016 年工作相关疾病和伤害负担联合评估：全球监测报告》显示，由心脑血管疾病引起的工作相关的死亡数量众多，有 35 万人死于缺血性心脏病。

1. 工作压力导致的心脑血管疾病概述

压力被视为一种由个人对其工作情况的评估而出现的情绪状态。当人们无法应对他们的工作需求，而这些需求又非常重要，或是他们的付出没有得到相应的回报时，就会出现这种情绪状态。同样，如果个人感觉自己不能控制其所在的处境或者得不到别人的支持，也会产生压力。欧洲委员会提出了一个宽泛的压力定义：由工作内容、工作组织或工作环境中的不利或有害因素所导致的情绪、认知、行为及生理反应模式。

压力是职业领域心理健康损害的最重要形式，持久的工作压力使个体的交感神经受到刺激而长期兴奋，当这种情况持续发生时，机体的神经系统和内分泌系统相关基因产生等位基因突变，使得机体的某些生物学指标发生变化，长此以往，最终导致机体的免疫功能下降，进而产生焦虑、抑郁、高血压、糖尿病和神经性皮炎等身心症状，而这些均是引起心脑血管疾病的重要原因。

心脑血管疾病是心脏血管疾病和脑血管疾病的统称，泛指由于高脂血症、血液黏稠、动脉粥样硬化、高血压等所导致的心脏、大脑及全身组织发生的缺血性或出血性疾病。心血管疾病包括冠心病，冠心病又分为心绞痛、心肌梗死、猝死、隐匿性冠心病、缺血性心肌病等。脑血管疾病包括脑梗死、短暂脑缺血发作、脑出血、椎基底动脉供血不足等。心脑血管疾病具有发病率高、致残率高、死亡率高、复发率高以及并发症多的特点。

中国心脑血管病报告显示：在中国，每 5 例死亡中就有 2 例死于心脑血管疾病。每年约 350 万人死于心脑血管疾病，即每天 9590 人，每小时 400 人，每 10 秒钟就有 1 人死于心脑血管疾病。美国调查显示，人体 60%～90% 的疾病与压力有关。据《欧洲心脏杂志》刊登的研究报告显示，主动意识到自己正在承受较大压力的人群，患心脑血管疾病的概率比其他人高出 2 倍。据瑞典研究显示，高压力工作人群缺血性卒中的发生风险高达 24%。

《柳叶刀—糖尿病与内分泌学》上，一项涉及 10 万人的队列研究显示：已患有心脑血管疾病和糖尿病的男性，工作压力大会导致死亡风险上升 68%，对健康的负面影响仅次于吸烟。精神压力对心脑血管疾病如冠心病、心律失常、猝死、高血压的发生发展以及预后有着重要影响，其发生机制与精神压力诱发心肌缺血密切相关。冠心病患者如果长期处于高度精神压力下，会使本来已经狭窄的冠脉血液供应减少。临床上心肌梗死的患者约 2/3 有近期劳累、失眠或极度疲惫的病史。高强度精神压力会造成心肌损伤。在慢性应激状态下，抑郁、焦虑会毁损冠状动脉内皮系统，进而导致动脉粥样硬化病变。

2. 工作压力导致的心脑血管疾病的症状表现

工作压力与心脑血管疾病的发生密切相关。当突然出现胸痛伴心慌、气短、恶心、呕吐、面色苍白、有濒死感等症状时，应想到是否出现心脑血管疾病。

工作压力可能导致脑卒中，脑卒中分为出血性卒中和缺血性卒中。出血性卒中症状为起病急，多在活动状态下发病，表现为头疼、恶心、喷射样呕吐、肢体偏瘫、感觉障碍，严重者可出现意识障碍、昏迷。缺血性卒中症状多在安静状态下发病，表现为言语不利、吐字不清、口角歪斜、吞咽障碍、偏瘫、感觉障碍，严重者可出现大小便失禁。

3. 工作压力导致的心脑血管疾病预防

要预防工作压力导致的心脑血管疾病，首先要减少工作压力，消除职业紧张，同时做好心脑血管疾病的预防。

（1）放松心情。

预防心脑血管疾病要保持乐观的心情，学会放松，不要有过大的压力。因为人工作压力过大或是紧张时，容易造成脑供血不足，从而出现头晕、失眠等症状。另外，一个平静的情绪可以使呼吸平稳，保持血液畅通。

（2）改变不良的生活方式。

不良的生活方式是导致心脑血管疾病发生发展的重要因素，直接影响疾病的康复与预后。因此要改变不良的生活方式，控制饮食总量，调整饮食结构；坚持运动，循序渐进，量力而行，持之以恒；戒烟少酒，劳逸结合；减少钠盐摄入，每天食盐控制在 5 克以内；增加钾盐摄入，每天摄入钾盐≥ 4.7 克。

（3）控制“三高”。

血压控制。将血压控制在一个比较理想的范围内，是预防心脑血管疾病的重中之重。资料表明，长期坚持控制血压，心脑血管疾病发病率可下降 90%。

血脂控制。控制血脂首先应在医生的指导下按时服用降血脂的药物。此外，还应在生活中养成良好的饮食及运动习惯，合理膳食，坚持运动。

血糖控制。使血糖尽量稳定并避免低血糖，尤其是已经有心脑血管病变的患者，更要注意避免低血糖，因为严重的低血糖可能诱发心脑血管疾病。

（4）定期检查。

预防心脑血管疾病，平时一定要注意自身血压、血糖、血脂的情况。对患有高血压、糖尿病等患者，一定要注意定期到医院检查。

六、不良建筑综合征

进了办公室总感觉头晕、乏力、精神不集中，常常咳嗽、鼻塞流涕，症状类似感冒，离开这个环境之后，感觉一身轻松，那么可能是患上了不良建筑综合征。

1. 不良建筑综合征概述

不良建筑综合征也称为病态建筑综合征，是一类非特异性的症状或反应，是在某些建筑物室内的工作人员新发生的不明原因的一些疾病症状或不适感，而这类症状可以随着人们在这些建筑物中逗留时间的延长而加重，也会因离开这些建筑物而得到改善或消失。和不良建筑综合征类似的术语还有：建筑物相关病、密闭建筑物综合征、办公室病等。

随着社会经济发展，城市高楼越来越密集，办公室人群不断增加。据美国国家职业安全与卫生研究所统计，美国室内从业人员出现不良建筑综合征症状的比例已由 1980 年的 2% 上升到目前的 35%。美国国家能源管理学会 1994 年一项主要研究显示，病态建筑环境可导致生产力降低 1.5%～1.6%（缺勤率的增加与工作效率的降低），这不仅给患者增加了医疗健康开支，也使企业的生产力大大下降。国内研究发现，上海、深圳办公室人员出现不良建筑综合征症状的比例在 10%～20%，而北京、乌鲁木齐办公室人员出现不良建筑综合征症状的比例高达 67%。

2. 不良建筑综合征的表现

（1）不良建筑综合征的主要症状。

眼睛角膜、鼻黏膜及喉黏膜的刺激症状，包括干燥、刺痛、声音嘶哑、咳嗽、鼻塞流涕等。室内空气严重污染时，眼睛感觉到刺痛、流泪、分泌物增多或干燥不适、唇部干裂、口腔溃疡、流鼻血和嗅觉减退等。

皮肤的刺激表现，皮肤经常干燥、刺痛、瘙痒、生红斑、湿疹等。

神经毒性症状，易出现头痛、头晕、乏力、注意力不集中和精神容易疲劳等，有的出现失眠、记忆力减退等。

皮肤或黏膜过敏反应，包括哮喘、荨麻疹、过敏性鼻炎等。

生殖毒性或诱癌反应，长期在不良环境下工作，易发生男女不孕不育症；体质偏差或特异性体质者，甚至会被诱发癌症。

呼吸道感染症状，易发生咳嗽、气喘、痰多、胸闷等。

（2）不良建筑物综合征的发病特点。

高度的建筑物特征依赖性。室内建材、装饰材料及家具材料的种类，所释放的污染因素的水平，空调和通风系统的卫生学措施和房间的密闭程度都与不良建筑综合征的发生有着极为密切的关系。离开了不良建筑物，症状在较短时间内可以改善或消失。

有生理与性别的差异。有过敏体质的个体罹患率高于非过敏体质的个体，其比例为2∶1～4∶1；女性高于男性，其比例为2∶1～4∶1。

发病快，如果是刚搬进的新房，短则瞬间，多则数月内，便出现上述不适症状。

患病人数多，在同一建筑内工作和生活的人，有20%～80%的人会患病。

病因难确定，很难找出症状与污染源的对应关系。

受生活方式和工作方式的影响。

3. 不良建筑综合征的病因

产生不良建筑综合征症状的主要原因是办公室室内空气污染，而通风不足往往是诱因。

室内空气污染来源大体有6种：建筑材料和装饰材料不良带来的污染，如墙体内防冻剂、胶黏剂、化纤类地毯、各类木制家具等；燃气、燃油采暖设备和吸烟造成的污染；复印机、打印机、紫外线消毒灯、杀虫剂以及各类化学性清洁剂使用造成的污染；人体本身代谢引起的污染；细菌、霉菌、病毒等各类的生物污染物；建筑物所处的地质环境和工业污染。

另外，女性比男性更容易发生不良建筑综合征。不良建筑综合征也与工作压力大、工作职位低等社会心理因素，室内环境温度、湿度、噪声和光照等有关。办公使用电脑、纸张也可能发生不良建筑综合征。

4. 不良建筑综合征的预防

大部分不良建筑综合征患者在离开相应的室内环境后其症状常会迅速得到改善，只有少数患者在相应环境质量获得改善或到别的环境后症状仍然存在，一般无须治疗，也没有已知的后遗症，因此需要尽量减轻患者心理负担。

合理的建筑设计对预防不良建筑综合征有非常大的作用，尽可能使用低毒、低挥发性的建筑材料或推广应用生态建筑技术。生态建筑技术就是把绿色植物引入建筑物内部，尽可能选用一些低放射性、低污染的绿色建材。

有条件的办公室定时通风通气。封闭式的建筑物，则提高通风系统功能，如提供足够的新风量、增加换气率、合理布置新风入口的位置、定期清洁通风管道以及更换或清洗过滤装置等；有条件的情况下可设置局部或区域温度、湿度控制装置。

禁止在建筑物内吸烟或设置吸烟区域，及时清理办公室废弃物和垃圾，防止积尘或微生物滋生。将经常使用的化学清洁剂等放置在通风良好的地方。

合理布置办公设备设施。将打印机、复印机等集中布置在独立通风或通风良好的地方；避免办公电脑后面和侧面向人，与电脑屏幕保持 50 厘米以上距离；办公室照明避免过强和眩光，工位补充照明时可选用台灯。

七、其他工作相关疾病

1. 干眼症

干眼症是指由多种因素所导致的、以眼睛干涩为主要症状的泪液分泌障碍性眼病，常见的症状包括眼睛干涩、容易疲倦、眼痒、有异物感、痛灼热感、视物模糊、视力波动、分泌物黏稠、怕风、畏光、对外界刺激敏感；有时眼睛太干，基本泪液不足，反而刺激反射性泪液分泌，造成经常流泪；较严重者眼睛会红肿、充血、角质化、角膜上皮破皮而有丝状物黏附，这种损伤日久则可造成角结膜病变，并会影响视力。

现代化生产过程中，许多工种需要视觉器官长时间处于紧张调节状态，如计算机录入、文字校对、钟表修理、细小零件装配工等。微小电子元件的生产以及部分科研和医务工作者需要在显微镜下工作，视觉紧张也很明显。为了预防干眼症的产生，经常在电脑或其他有辐射荧屏前工作的工作者，可保持眼睛距显示器 70 厘米以上，调整房间的亮度和屏幕的亮度相同，每隔 1～2 小时应有意识地离开荧屏一段时间，远眺窗外，眼睛用力向下眨，可舒缓晶状体的疲劳。吃含维生素 A 丰富的食物，如牛奶、鸡蛋、含胡萝卜素的蔬菜，口服鱼肝油等。

2. 慢性疲劳综合征

慢性疲劳综合征这一概念最早是由美国全国疾病控制中心于 1987 年正式提出的。慢性疲劳综合征又称雅痞症、慢性伯基特淋巴瘤病毒、慢性类单核白细胞增多症等，是一种身体出现慢性疲劳症状的病症，会产生连续 6 个月以上原因不明的强度疲劳感觉或身体不适。主要表现为心情抑郁、焦虑不安、情绪不稳、脾气暴躁、思绪混乱、反应迟钝、记忆力下降、注意力不集中，有时候还会带来四肢乏力、消化不良、听力下降等一系列生理症状。

有研究表明，患有慢性疲劳综合征的人群比正常人更容易产生焦虑、抑郁等负面情绪。他们容易感到孤独、苦闷，焦虑感和无价值感明显，易消极悲观，睡眠质量下降。慢性疲劳综合征人群的轻度焦虑、抑郁状态，还达不到焦虑症、抑郁症的范畴，但如果不及早干预，长期发展下去，可能会进展成焦虑症、抑郁症。主要原因是长期工作紧张、压力剧增或者长时间处于疲劳状态所致。一般以非药物治疗为主，辅助以适当的休息及疗养、瑜伽等调理方法，药物治疗主要针对出现的相应症状采取的对症治疗，包括抗病毒药物、抗抑郁药物、抗焦虑药物等。

3. 下肢静脉曲张

下肢静脉曲张是静脉系统最重要的疾病，也是四肢血管疾患中最常见的疾病之一，尤其多见于从事持久体力劳动或站立工作的人员。主要表现为下肢大隐静脉扩张、伸长、迂曲，产生患肢酸胀、乏力、沉重等症状，严重者常伴有小腿溃疡或浅静脉炎等并发症。患者多为教师、外科医生、交警、哨兵、孕妇以及常穿高跟鞋的女性，除长期站立因素以外，下肢静脉曲张还与超重、长时间坐位、雌性激素以及家族遗传有关。

为预防下肢静脉曲张，可以采取以下措施：（1）避免长时间站立或坐位的姿势，如果因为工作需要久站久坐时，可以做抬脚尖、脚跟或者活动踝关节的动作。（2）站立工作者在工间休息时，有条件时可以将鞋脱掉，双脚抬高，足部要高于心脏 30 厘米以上。下班回到家中后可以躺在床上，双脚搭在墙上达到 90 度（与倒立一样），抬高 15 分钟以上，可以减轻静脉血液对下肢的压力，缓解下肢酸胀不适、水肿等症状。（3）下班回家后，穿宽松的鞋行走，可以改善足部血液循环，并使足部肌肉得到锻炼，达到预防下肢静脉曲张的目的。（4）避免长时间穿高跟鞋，平跟鞋有助于预防下肢静脉曲张，在体育锻炼时一定要穿有海绵垫的运动鞋。（5）纠正一些高危因素或不良习惯：体重超重者要控制饮食，增加运动量从而减轻体重；便秘者通过调整饮食结构，必要时服用缓泻药纠正便秘，避免腹腔内压力增加；纠正上厕所时看手机、书报等不良生活习惯，蹲踞时间长会引起下肢静脉曲张压力增加。（6）针对高危人群，可以通过穿有压力梯度的医用弹力袜来预防下肢静脉曲张。

4. 滑囊炎

滑囊炎是一种常见疾患，很多工种都可以引起滑囊炎，尤其多见于进行重复性操作的工作人员。滑囊炎可以发生于机体的不同部位，如包装工的腕部，跪姿工作人员的膝部等。滑囊炎发生的原因主要是局部长期受到压迫和摩擦，这种压迫可以是来自机体外部的力，也可以是机体内部的力，如打字员的腕部受力主要是手腕反复曲、伸所产生的力。职业性滑囊炎呈慢性或亚急性过程，一般症状较轻，表现为局部疼痛、肿胀，对功能影响不大。预防滑囊炎应避免长期关节摩擦及关节感染，加强劳动保护，养成劳作后用温水洗手的习惯，注意休息，如果关节摸起来很烫，可以使用冰敷的方法；如果疼痛的部位在手肘或肩膀，建议将手臂自由地摆动，以疏解疼痛。

5. 胼胝

因为摩擦和压迫，身体与生产工具或其他物体经常接触时，可出现局部皮肤的反复充血，表皮增生及角化，形成胼胝或胼胝化。胼胝范围小而厚，界线清楚。胼胝最常见的部位是手部，其次是足。这种病变一般不影响工作，甚至还具有一定的保护作用，但如果数量多或面积大，会使活动受限，感觉灵敏度降低，影响正常功能。如果发生感染，出现炎症，则会影响身体健康。预防胼胝应避免长期受压及摩擦，穿合适的软底鞋靴，或用软鞋垫。注意劳逸结合，加强劳动保护，工作中可加戴手套等。

6. 掌挛缩病

长期使用手控制器，如手柄、纶盘等，由于持续压迫和摩擦，可引起掌挛缩病。掌挛缩病发生缓慢，一般要工作二三十年才发生。手掌腱鞘因反复刺激而充血，形成炎性小结节，在此基础上，出现腱膜纤维性增生及皱襞化，进一步发展，腱膜可以与皮肤粘连，使手掌及指的掌面形成线状瘢痕，皮肤变厚，活动受限，严重者可失去活动功能。掌挛缩病以右手多见，常发生于尺侧，以无名指最常见，其次是小指及中指，拇指很少发生。如果早期出现掌腱膜挛缩，屈曲、伸不直的情况，可以用支具或者用夹板固定，特别是晚上睡觉的时候可以绑直，避免持续地在夜间放松状态下挛缩。若后期挛缩非常厉害，可以手术治疗，把挛缩的掌腱膜切除，同时做皮肤改型，可以完全恢复手部的功能。

下 篇

职业病危害防护知识

5 第五章 职业病危害防护基础知识

《中华人民共和国职业病防治法》第三条规定，职业病防治工作坚持预防为主、防治结合的方针。职业病危害防护必须遵循三级预防的原则，对可能造成职业病的各种职业性有害因素严加控制，以保护和促进职业人群的健康。

一、相关概念

1. 职业病防护设施

职业病防护设施是指消除或者降低工作场所的职业病危害因素的浓度或者强度，预防和减少职业病危害因素对劳动者健康的损害或者影响，保护劳动者健康的设备、设施、装置、构（建）筑物等的总称。

设置有效的职业病防护设施是用人单位履行职业病防治的重要责任和义务，建设单位应将职业病防护设施所需费用纳入建设项目工程预算，并与主体工程同时设计，同时施工，同时投入生产和使用。

2. 应急救援设施

应急救援设施是指在工作场所设置的报警装置、现场急救用品、洗眼器、喷淋装置等冲洗设备和强制通风设备，以及应急救援设施中使用的通信、运输设备等。

《中华人民共和国职业病防治法》规定，对可能发生急性职业损伤的有毒、有害工作场所，用人单位应当设置报警装置，配置现场急救用品、冲洗设备、应急撤离通道和必要的泄险区。上述设备、设施是在可能发生急性职业损伤的场所，预防和及时控制劳动者急性职业损伤，确保劳动者得到及时救治、避免和控制身体伤害扩大、危害因素扩散等所必需的防护设施。

3. 个人防护用品

个人防护用品是指在劳动生产过程中使劳动者免遭或减轻事故和职业危害因素的伤害而提供的个人保护用品，直接对人体起到保护作用。

二、职业病危害防护的原则

1. 职业病危害控制技术优先顺序

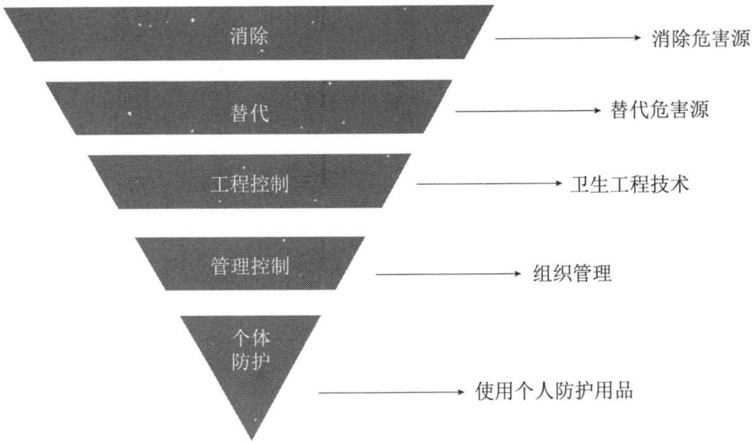

图 5–1　职业病危害控制技术优先顺序

（1）消除是指消除职业危害因素，这是职业病预防最理想的措施，主要包括采用先进技术和工艺，使用远距离操作或自动化操作等。

（2）替代是指原料或生产工艺替代，这也是职业病预防的重要措施，主要包括改进工艺，以低毒的物质代替高毒物质。

（3）工程控制主要是采用卫生工程技术手段控制生产过程中产生的职业病危害因素，如在特定的工作场所采用机械通风设备，不仅可以保证所需要的通风量，控制房间内的气流方向和速度，还可以对进风和排风进行必要的处理。

（4）管理控制是通过组织管理措施对工作场所的职业病危害因素进行控制，需要建立、健全职业病防治责任制和职业卫生管理制度、职业卫生档案和劳动者健康监护档案。

（5）个体防护对预防职业病危害因素也十分重要。通常可以采用一些常见的个人防护用品对个人进行防护，如防护头盔、防护服、防护眼镜、防护面罩和过滤式呼吸防护器等。

2. 职业病危害控制基本原则

（1）工程技术措施。

控制职业病危害，应优先考虑从源头上防止劳动者接触各类职业病危害因素和改善可能引起健康损害的作业环境。要具备安全生产条件，根据生产中的有害因素配套相应的防护设施，使生产条件符合职业卫生要求，这主要依靠工程技术措施实现。通过改进工艺、优化设计、合理选用原辅材料，采用无害或低害的工艺、设备、物料取代危害性大的工艺、设备、物料，配置防护设施等工程技术手段，消除、控制、预防职业性有害因素，从根本上改善作业环境。

① 使生产过程不产生或少产生危害因素。使生产过程机械化、密闭化、自动化，因为在手工作业、开放性生产的条件下，任何防护设备都有其局限性；禁用剧毒原料，如禁止苯用于稀释剂、含铅汽油用于汽车燃料、人造石英砂用于型砂、有机磷农药用于灭虫，有些国家已明令禁止石棉作为建筑材料；湿式作业，如湿式采煤已被列入操作规程，陶瓷厂原料水碾、石粉厂的水磨石英效果都较好。

② 降低有害物质的浓度。对有害物质发生源进行封闭、阻断和屏蔽；局部通风与全面通风。

（2）个体防护措施。

个体防护是以作业人员为保护对象，通过缩短接触时间、使用劳动防护用品等措施，阻止或减弱有害因素对人体的危害作用。个体防护是防止有害因素伤害人体的最后一道防线。因为个人防护用品的作用有限，并且有的防护用品还会给操作带来不便，因此一般情况下，个体防护是作为一种辅助性、补充性的防护措施。因受到现实技术、发展水平等因素的制约，工程技术措施还不能完全有效地控制有害因素，所以个体防护也是必需的。对某些有害因素来说，个体防护有时还是一种主要的防护措施，如使用防噪声的耳塞、耳罩。在事故状态下，个体防护则是一种主要的防护手段。

凡是工程技术措施能达到防护要求，且技术经济指标合理的，不能不采用工程技术措施而只用个体防护措施来代替。

（3）卫生保健措施。

卫生保健措施是基于个体差异而对劳动者采取的保护性措施。主要有：上岗前职业健康检查，发现职业禁忌证，不安排从事其所禁忌的作业；在岗期间定期职业健康检查，及时发现早期病患者，及时调离岗位脱离接触，并及早治疗，防止职业病危害的发展；对女工、未成年工等特殊人群给予特殊保护；注意合理的膳食结构和营养水平；经常进行体育锻炼，增强体质，提高防病能力；倡导良好的个人卫生习惯和生活方式；配备现场医疗救护等。

（4）组织管理措施。

按照《中华人民共和国职业病防治法》的规定，指定或设置职业卫生管理机构、配备专（兼）职的职业卫生管理人员负责本单位的职业病防治工作；建立健全职业病防治责任制；建立、健全各项职业卫生管理制度和岗位操作规程、职业卫生档案和职业健康监护档案；对劳动者进行职业卫生教育培训，增强职业病危害防护能力；对有害作业场所经常进行检查，督促劳动者遵章守纪，严格执行操作规程和正确使用个人防护用品；制定职业病危害事故应急救援预案，配备救援人员和救援装备。

（5）建立和实施职业健康安全管理体系。

职业健康安全管理体系是一种现代职业健康安全管理模式，它是企业自身发展的需要，其作用是为管理职业健康安全风险和机遇提供一个框架。职业健康安全管理体系的目的和预期结果是防止对工作人员造成与工作相关的伤害和健康损害，并提供健康安全的工作场所；因此，对组织而言，采取有效的预防和保护措施以消除危险源及最大限度地降低职业健康安全风险至关重要。

快问快答

问题：职业病危害控制基本原则有哪些？

答案：工程技术措施、个体防护措施、卫生保健措施、组织管理措施、建立和实施职业健康安全管理体系。

3. 粉尘综合治理“八字方针”

尘肺病预防的关键在于最大限度地防止有害粉尘的吸入，只要综合措施得当，尘肺病是完全可以预防的。无论发达国家还是发展中国家，生产性粉尘的危害是十分普遍的，尤以发展中国家为甚。新中国成立以来，党和政府颁布实施了一系列尘肺病预防控制的法律法规和技术标准，形成了以《中华人民共和国职业病防治法》和《中华人民共和国尘肺病防治条例》为核心，国家职业卫生监管部门配套规章和《工业企业设计卫生标准》《工作场所有害因素职业接触限值》《尘肺病诊断标准》等为重要内容的职业病防治法律法规标准体系。我国政府对粉尘控制工作一直给予高度重视，在防止粉尘危害和预防尘肺发生方面做了大量的工作。综合防尘和降尘措施可以概括为“革、水、密、风、护、管、教、查”八字方针，该方针对控制粉尘危害具有指导意义。

（1）“革”，即工艺改革，改革生产工艺和革新生产设备，这是消除粉尘危害的根本途径。包括改干式作业为湿式作业，尽量使用不含游离二氧化硅或含量较低的原料，实现生产过程机械化、密闭化、自动化、计算机控制、隔室监控等，避免接触粉尘。

（2）“水”，即湿式作业，物料加水、湿式清扫、湿式操作。如采用湿式碾磨石英或耐火材料、矿山湿式凿岩、井下运输喷雾洒水、煤层高压注水等，可在很大程度上防止粉尘飞扬，降低环境粉尘浓度。这是最经济有效的降尘方法，在防尘工作中占有非常重要的地位。

（3）“密”，即密闭尘源，采用密闭管道输送、密闭设备加工；或者在不妨碍操作条件下，采取半封闭、屏蔽、隔离措施；也可以采用密闭尘源与局部抽风相结合，使密闭系统内保持一定的负压，防止粉尘外逸。

（4）“风”，加强通风及抽风除尘，在设备无法密闭或密闭后仍有粉尘外逸时，可根据工作场所及环境状况进行全面机械通风或局部机械通风，降低工作场所的粉尘浓度。

（5）“护”，即个体防护，采取个体防护措施和增强体质。佩戴防尘护具，如防尘安全帽、送风头盔、送风口罩等。在选用防尘口罩时要注意有效性（能防止微细粉尘，尤其是5微米以下的粉尘进入呼吸道，一般的纱布口罩没有防尘作用）、适合性（口罩要和脸形相适应，最大限度地保证空气不会从口罩和面部的缝隙不经过口罩的过滤进入呼吸道，要按使用说明正确佩戴）、舒适性（既能有效阻止粉尘，又要在戴上口罩后呼吸不费力，重量要轻，佩戴卫生，保养方便），并定期更换。使用中要防止防尘口罩挤压变形、污染进水。

（6）“管”，加强技术管理、建立必要的管理制度。建立健全粉尘危害防治责任制，制定防尘设施管理、工作场所职业病危害因素检测评价等制度，并认真组织落实。

（7）“教”，加强宣传教育，包括用人单位负责人、职业卫生管理人员和接触职业病危害的劳动者。特别是对劳动者，必须进行上岗前的职业卫生培训和在岗期间的定期职业卫生培训，指导劳动者正确使用职业病防护设备和职业病防护用品。

（8）“查”，工作场所空气中粉尘浓度定期检测和接触者的定期职业健康体检。依法组织接尘劳动者开展上岗前、在岗期间、离岗时职业健康检查，对于有粉尘作业职业禁忌证（活动性肺结核病、慢性阻塞性肺病、慢性间质性肺病、伴肺功能损害的疾病）的人员不得从事粉尘作业。各级卫生监督管理部门要加强对用人单位的监督检查。

快问快答

问题：粉尘作业职业禁忌证包括哪些？[多选题]

A. 活动性肺结核病 B. 高血压 C. 慢性阻塞性肺病 D. 心脑血管疾病 E. 慢性间质性肺病 F. 伴肺功能损害的疾病

答案：ACEF

4. 化学毒物治理原则

职业性化学中毒的病因是生产性毒物，预防职业性中毒可以采取综合治理措施，从根本上消除、控制或尽可能减少毒物对职工的侵害。应遵循“三级预防”原则，倡导并推行“清洁生产”，重点做好“前期预防”。具体控制措施可概括为以下几方面：

（1）根除有毒化学物。

从生产工艺流程中消除有毒物质，可用无毒或低毒物质代替有毒或高毒物质，如用硅整流器代替汞整流器，用无汞仪表代替含汞仪表；使用二甲苯代替苯作为溶剂或稀释剂等。但替代物不能影响产品质量，并需经毒理学评价，其实际危害性较小方可应用。因工艺要求必须使用高毒原料时，应强化局部密闭和（或）通风排毒并经净化处理等措施，实行特殊管理。

（2）降低化学毒物浓度。

减少人体接触毒物浓度，以保证不对接触者产生明显健康危害是预防职业中毒的关键。其中心环节是加强技术革新和通风排毒措施，将环境空气中毒物浓度控制在国家职业卫生标准以内。

①技术革新。对生产有毒物质的作业，原则上应尽可能密闭生产，消除毒物逸散的条件。应用先进的技术和工艺，尽可能采取遥控或程序控制，最大限度地减少操作者接触毒物的机会。如手工电焊改为自动电焊；蓄电池生产中，干式铅粉灌注改为灌注铅膏等。

②通风排毒。在有毒物质生产过程中，如密闭不严或条件不许可，有毒物

仍逸散入作业环境空气中时，应采用局部通风排毒系统，将毒物排出。其中最常用的为局部抽出式通风，包括排毒柜、排毒罩及槽边吸风等。应根据生产工艺和毒物的理化性质、发生源及生产设备的不同特点，选择合适的排毒装置，其基本原则是尽量靠近毒物逸散处，既可防止毒物扩散又不影响生产操作，且便于维护检修。含有毒物的空气，必须经净化处理后才可排出，并注意回收综合利用，使工作场所有毒物质的浓度达到国家职业卫生标准《工作场所有害因素职业接触限值》的要求。

（3）工艺、建筑布局。

生产工序的布局不仅要满足生产上的需要，而且应符合职业卫生要求。有毒物逸散的作业，应根据毒物的毒性、浓度和接触人数等对作业区实行区分隔离，以免产生叠加影响。有害物质发生源应布置在下风侧，如布置在同一建筑物内时，将发生有毒气体的生产工艺过程布置在建筑物的上层。对容易积存或被吸附的毒物如汞，可产生有毒粉尘飞扬的厂房，建筑物结构表面应符合有关卫生要求，防止沾积尘毒及二次飞扬。

（4）个体防护。

个体防护是预防职业中毒的重要辅助措施，包括呼吸防护器、防护头盔、防护眼镜、防护面罩、防护服和皮肤防护用品等。选择个人防护用品应注意其防护特性和效能。在使用时，应对使用者加以培训；平时经常保持良好的维护，才能很好地发挥效用。在有毒物质作业场所，还应设置必要的卫生设施，如盥洗设备、淋浴室、更衣室和个人专用衣箱。对能经皮吸收或局部作用危害大的毒物还应配备皮肤和眼睛的冲洗设施。

（5）职业卫生服务。

健全的职业卫生服务在预防职业性化学中毒中极为重要，职业卫生人员除积极参与以上工作外，应对作业场所空气中毒物浓度进行定期或不定期的监测和监督；对接触有毒物质的人群实施健康监护，认真做好上岗前和定期健康检查，排除职业禁忌证，发现早期的健康损害，并及时采取有效的预防措施。

（6）安全卫生管理。

管理制度不全、规章制度执行不严、设备维修不及时及违章操作等常是造成职业中毒的主要原因。因此，采取相应的管理措施来消除可能引发职业中毒的危险因素具有重要作用。应积极做好管理部门和作业者职业卫生知识的宣传教育，使有毒作业人员充分享有职业中毒危害的“知情权”，企业及安全卫生管理者应尽“危害告知”义务，双方共同参与职业中毒危害的控制和预防。

此外，对接触毒物的作业人员，应合理实施有毒作业保健待遇制度，适当开展体育锻炼，以增强体质，提高机体抵抗力。

快问快答

问题：为减少化学毒物对人体的影响，可以采取以下哪些管控措施？[多选题]

A. 以无毒、低毒的物质替代有毒物质

B. 密闭生产防止挥发性有机物扩散

C. 人工作业代替机械操作

D. 佩戴呼吸器、防护服和手套等防护装备

答案：ABD

5. 噪声治理原则

噪声作业指存在有损听力、有害健康或有其他危害的声音，且每天 8 小时或每周 40 小时噪声暴露声级大于等于 80 分贝的作业。工业生产过程中噪声是常见的职业危害，现阶段要完全消除噪声，既不经济，也不可能。噪声的控制必须坚持“预防为主、防治结合”的方针。因此，企业应严格按照国家相关法律法规采取综合性措施，从控制声源、阻断噪声的传播来控制作业场所的噪声强度。我国现阶段执行的《工业场所有害因素职业接触限值　第 2 部分：物理因素》（GBZ 2.2-2007）规定，噪声职业接触限值为每周工作 5 天，每天工

作 8 小时，稳态噪声限值为 85 分贝，非稳态噪声等效声级的限值为 85 分贝；每周工作日不足 5 天，需计算 40 小时等效声级，限值为 85 分贝。预防治理噪声危害的措施主要有：

（1）控制噪声源、消声。

控制和消除噪声源是控制和消除噪声的根本措施。以低产或无产工艺及设备代替产生强噪声的工艺和设备，尽可能将噪声源设置在室外或隔离于特定的区域内，将噪声源远离工作作业区和居民区；改革工艺过程和生产设备，用无声或低声设备代替发出强噪声的机械，如用无声液压代替高噪声的锻压，以焊接代替铆接，自动化代替人工操作等；提高零部件加工的精度和装配质量，减少机器部件的撞击和摩擦，减少机器的振动。

（2）控制噪声的传播。

用吸声结构和吸声装置将噪声源封闭，吸收辐射和反射的声能，防止噪声传播。常用的隔声材料有隔声墙、隔声罩、隔声地板等。常用的吸声材料有玻璃棉、矿渣棉、毛毡、泡沫塑料、棉絮等。

（3）个体防护。

如果因为各种原因，生产场所的噪声强度不能得到有效控制，需要在高噪声环境中工作时，佩戴个人防护用品是保护劳动者听觉器官的一项有效措施，应按国家标准《护听器的选择指南》（GB/T 23466-2009）的要求为作业人员配备耳塞、耳罩。最常用的是耳塞，一般由橡胶或软塑料等材料制成，其根据人体外耳道形状，设计大小不等的各种型号，隔声效果可达 10～35 分贝，可根据作业场所噪声强度选择不同隔音效果的耳塞（佩戴耳塞后的噪声暴露水平 = 环境噪声强度 - 耳塞隔音效果 ×0.6）。此外，还有耳罩、帽盔等，其隔声可达 30～40 分贝，但佩戴时不够方便，成本也较高，普遍采用存在一定的困难。当耳道有炎症时，可佩戴耳罩。在某些特殊环境，由于噪声强度很大，需要将耳塞和耳罩合用，使作业人员听觉器官实际接触的噪声低于 80 分贝，以保护作业人员的听力。

（4）健康监护。

定期对接触噪声人员进行健康检查，特别是听力检查，观察听力变化情况，以便早期发现听力损伤，及时采取有效的防护措施。接触噪声人员应进行岗前体检，取得听力基础资料，便于以后观察、比较。凡有听觉器官疾患、中枢神经系统和心血管系统器质性疾患或自主神经功能失调者，不宜从事强噪声作业。在对噪声作业人员定期进行体检时，发现高频听力下降者，应注意观察。对于上岗前听力正常，接触噪声 1 年便出现高频段听力改变者，应调离噪声作业岗位。对于诊断为轻度以上噪声聋者，更应尽早调离噪声作业，并定期进行健康检查。

（5）管理措施。

管理是非常重要的控制噪声危害的措施，主要包括：掌握噪声危害现况（作业人员噪声暴露水平及健康危害程度），制定噪声危害控制计划并组织实施；噪声控制设备的维护与管理；高噪声区域设置警示标识；减少噪声区域人员数量和停留时间；监督检查护耳器的选择、使用和维护；建立职工健康监护档案，对听力检测结果进行动态分析，妥善处理噪声敏感者和噪声聋病人；合理安排劳动和休息，缩短暴露时间，休息时应离开噪声环境，使听觉疲劳得以恢复。对作业人员进行健康教育有利于提高其自身健康保护意识及健康行为。

快问快答

问题：为减少噪声对人体的影响，可以采取以下哪些管控措施？[多选题]

A. 控制或消除噪声源

B. 使用消声、吸声、减震、降噪等技术措施降低噪声

C. 佩戴耳塞、耳罩等听力保护器

D. 定期监测和健康检查

答案：ABCD

6 第六章 职业病危害控制措施

控制职业病危害，优先采用工程技术措施，必要时辅以个体防护措施，使生产条件符合职业卫生要求，从根本上改善作业环境，使劳动者与有害因素的接触强度（浓度）控制在职业接触限值之内。同时采取各项卫生保健措施，加强对劳动者的个人保护，增强对有害因素的抵抗能力。

一、职业病危害工程控制措施

1. 工业通风原理与通风机使用要点

（1）工业通风原理。

工业通风是指既将外界的新鲜空气送入有限空间内，又将有限空间内的废气排至外界。这里的有限空间指的范围较广，既可以指建筑物，又可以指隧道、地下巷道、坑道、硐室，还可以指容器等。

工业通风的作用主要有 3 个方面：一是稀释或排除生产过程中产生的毒害、爆炸气体及其粉尘，促进工业安全生产；二是给作业场所送入足够数量和质量的空气，供作业人员呼吸；三是调节作业场所的温度、湿度等气象条件，为作业人员提供舒适的作业环境。

按照有无通风动力，工业通风可以分为机械通风和自然通风。

机械通风是指依靠通风机械设备作用使空气流动，形成有限空间通风换气的方法。由于通风机械设备产生的风量和风压可根据需要设定，这种通风方法能保证所需要的通风量，控制有限空间内的气流方向和速度，对进风和回风进行必要的处理，使有限空间内空气达到所要求的参数，机械通风方法得到了广泛应用。其缺点是机械通风系统需要消耗电能以维持通风机运转，通风机和风道等设备要占用一定建筑面积和空间，工程造价、维护费用相对较高，安装和管理也相对复杂。

自然通风是指自然因素作用而形成的通风现象，即由于有限空间内外空气的密度差、大气运动、大气压力差等自然因素引起有限空间内外空气能量差后，促使有限空间的气体流动并与大气交换的现象。如锅炉或电厂中的烟囱，它是依靠烟囱内外空气的密度差引起有限空间内外空气能量差后，促使烟囱的气体流动并与大气交换。自然通风在很多情况下是有益的，如在建筑通风换气中，它不需要消耗机械动力，节约能源，使用管理简单，也不存在噪声问题，同时，在适宜的条件下又能获得很大的通风换气量，如产生大量余热的车间，可完成通风、降温、除湿改善作业地点气象参数（热舒适）状态和通风换气改善有限空间空气质量状态（增加新鲜空气、排除各种毒害及爆炸气体等）两大功能，是一种经济的通风方式。然而，自然通风也有不利的方面：一是自然进入有限空间的空气很难预先进行处理，同样从有限空间排出的污浊空气也无法进行净化处理；二是由于风压和热压均会受到自然条件的约束，换气量很难人为控制，通风效果不够稳定；三是某些情况下自然通风对安全不利，如建筑物发生火灾时，室内温度高于室外温度，建筑物内的各种竖井成为拔火拔烟的垂直通道和火灾垂直蔓延的主要途径，助长了火势，扩大了灾情。

按照通风的作用范围，工业通风可以分为局部通风、全面通风；按照通风机械设备工作方法，还可以分为抽出式通风、压入式通风、混合式通风。

（2）通风机使用要点。

通风机每次启动前要检查各手动电动挡板是否灵活，螺栓是否紧固。

操作时关注通风机轴承的温度，保证在 70 摄氏度以下，且与周围环境温度差宜小于 40 摄氏度。

如果在操作过程中，发现通风机运转情况不正常，应立即停止通风机，再进行检查。

关注电机运转是否平稳，是否有异常噪声、振动及气味。

注意检查润滑油的量及状态，注意不要混入水、粉尘、金属粉末等杂质，要及时更换润滑油。

2. 工业除尘原理与除尘器使用要点

要减少或消除工业生产过程所产生的粉尘危害，必须将粉尘从含尘空气中分离出来。除尘器是将粉尘从含尘空气中分离出来、净化含尘气体、避免空气污染的最有效设备之一。

（1）除尘器的捕尘理论基础。

除尘器是依靠一种或几种捕尘分离机理而除去含尘气体中的尘粒，如旋风除尘器主要借助于尘粒的离心力进行分离，过滤式除尘器则依靠拦截、碰撞和扩散等几种机理进行捕尘分离。

在除尘器中，常用的捕尘分离机理有重力分离、惯性碰撞分离、截留、布朗扩散、凝集和电力捕尘分离等。

（2）除尘器的使用要点。

除尘器的种类和形式很多，具有不同的性能和使用范围。正确地选择除尘器并进行科学的维护管理，是保证除尘设备正常运转并完成除尘任务的必要条件。如果除尘器选择不当，会使除尘设备达不到应有的除尘效率，甚至无法正常运转。

①机械式除尘器。机械式除尘器是指利用质量力（重力、惯性力和离心力等）的作用使颗粒物与气流分离的装置，包括重力除尘器、惯性除尘器和旋风除尘器等。

机械式除尘器构造简单、投资少、动力消耗低、造价比较低、维护管理方便，多作为多级除尘的预除尘使用。

②过滤式除尘器。过滤式除尘器是使含尘气流通过一定的过滤材料将粉尘过滤、分离、捕集的装置。包括袋式除尘器和空气过滤器两大类。过滤时，由于惯性碰撞、拦截、扩散以及静电力、重力等作用，使悬浮于气体中的粉尘颗粒沉积于多孔体表面或容纳于多孔体中。

袋式除尘器的除尘效率高，结构不太复杂，可以回收有用粉料。但袋式除尘器的投资较高，允许使用的温度低，操作时气体的温度需高于露点温度，否则，不仅会增加除尘器的阻力，而且会由于湿尘黏附在滤袋表面而使除尘器不能正常工作。当尘粒浓度超过尘粒爆炸下限时也不能使用袋式除尘器，且袋式除尘器不适用于含有油雾、凝结水和粉尘黏性大的含尘气体，一般也不耐高温。袋式除尘器占地面积较大，更换滤袋和检修不太方便。

空气过滤器多用于通风及空调进气系统中，很少设置在工厂生产排气除尘系统中。

③湿式除尘器。湿式除尘器也称洗涤式除尘装置，是一种使含尘气体与液体（一般为水）密切接触，利用水滴和尘粒的惯性碰撞及其他作用捕集尘粒或使粒径增大的装置。

湿式除尘器既能除尘，也能脱除气态污染物（气体吸收，如火电厂烟气脱硫除尘一体化等），同时还能起到气体降温的作用，且具有设备投资少、构造简单、除尘净化效率高等特点，较为适用于非纤维性、不与水发生化学反应、不发生黏结现象的各类粉尘，尤其适宜净化高温、易燃、易爆及有害气体。其缺点包括：容易受酸碱性气体腐蚀，管道设备必须防腐；需要处理污水和污泥；粉尘回收困难；冬季会产生冷凝水，在寒冷地区要考虑设备防冻等问题；疏水性粉尘除尘效率低，往往需要加净化剂来改善除尘效率。

④静电除尘器。静电除尘器也称电除尘器、电收尘器，是利用静电力（库仑力）将气体中的粉尘或液滴分离出来的除尘设备。静电除尘器在冶炼、水泥、煤气、电站锅炉、硫酸、造纸等工业中得到了广泛应用。

静电除尘器主要有以下优点：可捕集微细粉尘及雾状液滴，粉尘粒径大于1微米时，除尘效率可达99%，除尘性能好；气体处理量大；可在350～400摄氏度的高温下工作，适用范围广；压力损失低，能耗低，运行费用少。

3. 噪声与振动控制原理及其防护

（1）噪声控制技术。

噪声控制主要从声源、传播途径、个体防护3个方面采取措施。

①声源。针对声源采取的噪声治理措施，是从根本上解决噪声危害的一种方法。企业应选用低噪声设备，尽可能将噪声源设置在室外或隔离于特定的区域内，采用先进的生产方式，如自动化生产。

②传播途径。在噪声传播过程中，遇到障碍物时会产生反射、吸收、折射或绕射，采用隔声、吸声、消声、隔振或减振材料和装置，阻止噪声的传播，可以获得较好效果。

隔声是指利用一定的材料和装置将声源或需要安静的场所封闭在一个较小的空间中，使其与周围环境隔绝起来，如隔声室、隔声罩等。

吸声是指采用吸声材料装饰在车间的内表面，如墙壁或屋顶，或在工作场所内悬挂吸声体，吸收辐射和反射的声能，可以使噪声强度减低。在某些特殊情况下（如隔声室），为了获得较好的吸声效果，需要使用吸声尖劈。

消声是降低流体动力性噪声的主要措施，用于风道和排气管，常用的有阻性消声器和抗性消声器。

隔振或减振，将机器或振动体的基础与地板、墙壁连接处设隔振或减振装置，也可以起到降低噪声的作用。

③个体防护。对生产现场的噪声控制不理想或特殊情况下的高噪声作业，个人防护用品是保护听觉器官的有效措施。如防护耳塞、防护耳罩、头盔等，其隔声效果可高达 20～40 分贝。

（2）隔振技术。

隔振技术的原理为，将振动源与地基等结构或机器设备之间装设隔振器或隔振垫层，用弹性连接代替刚性连接，以隔绝或减弱振动能量的传递，从而实现减振降噪的目的。常见的隔振措施有隔振器、隔振垫、柔性接管、防振沟。

隔振器主要包括全金属隔振器（弹簧隔振器、钢丝绳隔振器等）、空气弹簧、橡胶隔振器、弹性吊钩（橡胶类、金属弹簧类或复合类）。

隔振垫主要包括橡胶隔振垫、玻璃纤维垫、金属丝网隔振垫、软木、毛毡、海绵。

柔性接管可以减少沿管道传递的振动。

在振动波传播的途径上挖沟，以阻止振动的传播，这种沟叫作防振沟。如果振动是以在地面传播的表面波为主，采用防振沟的方法十分有效。

隔振要根据机器设备的机器特性、振动强弱、干扰频率以及环境要求等因素综合考虑，尽量选用振动较小的工艺流程和设备，合理确定、放置和使用隔振元件。隔振措施选用原则有以下 5 点。

一是了解机器设备的振动特性，以及可能产生的后果。二是合理使用隔振元件、弹性吊架和非刚性连接等隔振措施。三是机器基础应独立，并与其他机器基础、房屋基础之间分开或留缝。四是尽量选用振动较小的设备或驱动频率较高的设备，以提高隔振效果。五是隔振器在平面上的布置，应使其刚度中心与隔振体系的重心在同一垂直线上。

4. 微波辐射防护和紫外辐射防护

（1）微波辐射防护。

微波辐射通常是指频率在 300～300000 赫兹，波长在 1 米以下的电磁波，任何物体在向外辐射红外线的同时，也辐射微波。微波辐射属于非电离辐射，职业性接触高剂量微波对人体眼睛、神经系统、心血管系统有一定的损害。为了防止微波辐射，保障从事微波作业人员的身体健康，原国家卫生部制定了工作场所微波辐射职业接触限值。电力行业的技术标准《电力系统微波通信工程设计技术规程》和《火力发电厂劳动安全和工业卫生设计规程》也规定了本行业微波辐射的接触限值。根据我国卫生标准和微波的物理特性及作业特点，其安全防护的原则主要有以下 4 点。

①场源屏蔽。可使用金属薄板（网、罩）将电磁波的场源包围，并采取有效的接地，将部分场能转变为感应电流引入地下。

②距离防护。针对微波辐射，目前普遍认可其辐射强度随辐射源距离的增加呈约三次方衰减。从实际检测情况来看，现场进行强电测试工作时，辐射强度随辐射源距离的增加呈现很大的衰减，现场相差几步的距离辐射强度会相差数个数量级，而与辐射源之间无阻隔但距离辐射源较远处检测到的辐射强度已

基本与普通手机的辐射强度相当，因此作业人员应当时刻保持距离防护意识，尽量远离辐射源。使场源尽量远离休息间和人员作业点。在不影响操作的前提下尽量远离场源，避免在辐射流的正前方工作。

③工程防护。可在现场铺设吸波材料，设置活动屏蔽吸收挡板等。

④个体防护。职业性接触微波要按规定穿戴屏蔽服、防护帽、防微波眼镜等个人防护用品。

（2）紫外辐射防护。

紫外辐射也是电磁波，根据波长的不同，紫外辐射可分为 3 类：UVA（315～380 纳米），UVB（280～315 纳米）和 UVC（200～280 纳米）。UVA 射线能穿透玻璃，一般认为它对眼睛没有损害。UVC 射线会被大气层阻挡在地球之外，因此也不用担心它。最危险的是 UVB 射线，它不能穿透玻璃，所以必须戴防护眼镜或防护面罩等进行防护。对于紫外辐射防护，以屏蔽和增大与辐射源的距离为主要原则。如电焊作业，电焊工必须佩戴专门的面罩和防护眼镜，以及适宜的防护服和手套。电焊工操作时应使用移动屏障围住操作区，以免其他工种工人受到紫外照射。非电焊工禁止进入操作区域裸眼观看电焊。

5. 电离辐射防护

进行电离辐射防护，要遵循放射防护的三原则。

实践的正当性。在开始辐射照射的实践之前，应当进行正当性判断和利益、代价分析，只有该实践使个人和社会从中获得的利益远大于辐射可能造成的危害时，该实践才被判断为正当的、可以进行的。

放射防护最优化。在考虑到经济和社会因素的条件下，应当采取各种防护措施，将个人受照剂量、受照射的人数以及受照射的可能性均保持在低水平。

个人剂量限值。对个人受到的照射剂量进行限制，保证个人受到的照射实践的剂量总和不超过规定的限值。

对于来自体外辐射源照射的外照射防护，主要采取时间、距离和屏蔽等防护方法。

时间防护。因人体接受电离辐射的量与照射时间成正比，所以减少接触时间，就可以减少人体接受的剂量。如在操作辐射源时，应熟练、准确、迅速、轮流操作，以减少受照时间。

距离防护。因电离辐射的强度与距离的平方成反比，所以增加人体与辐射源之间的距离，可以显著地减少人体接受的剂量。如使用机械手、自动化设备等增加工作人员与辐射源的距离。

屏蔽防护。在辐射源与人体之间加入可以屏蔽电离辐射的物质。如 X、γ 射线选用铅、铁、混凝土等进行屏蔽；β 射线选用有机玻璃、塑料、铝等低原子序数物质作为内层屏蔽材料，选择铅等高原子序数物质作为外层屏蔽材料；对中子进行防护时，首先使用水、石蜡等含氢的物质将中子慢化，其次使用含硼或锂的物质吸收热中子，用铅、铁等高密度物质作为外层屏蔽材料。

对于来自体内辐射源照射的内照射防护，应避免或减少放射性物质的摄入。一般方法是“包容、隔离”和“净化、稀释”，以及“遵守规章制度、做好个体防护”。

包容。对于放射性物质，在操作过程中，通过采用通风橱、手套箱等方法，将放射性物质密闭起来；操作强放射性物质，应在密闭和经过防护处理的热室内用机械手操作，对于操作人员，可用佩戴工作服、鞋、帽、口罩、手套、围裙、气衣等方法将操作人员围封起来，防止放射性物质进入人体。

隔离。即分隔，根据放射性核素的毒性大小、操作量多少和操作方式等，将工作场所进行分级、分区管理。

净化。通过吸附、过滤、除尘、凝聚沉淀、离子交换、蒸发、储存衰变、去污等方法，尽量降低空气、水中放射性物质浓度，降低物体表面放射性污染水平。

稀释。在合理控制下，利用干净的空气或水使空气或水中的放射性物质浓度降低，能够减少放射性物质进入人体的数量。对排入环境的污染空气和污水进行稀释时，一定要遵守有关法规的要求。

二、个人防护用品

1. 个人防护用品的概念和分类

个人防护用品是指从业人员为防御物理、化学、生物等外界因素伤害所穿戴、配备和使用的护品总称。如安全帽、耳塞、防尘口罩、焊接服、防寒手套、安全鞋、安全带等。

个人防护用品的主要作用为两个方面，一是起到隔离和屏蔽作用，身体肌肤不与外环境直接接触，避免皮肤受到某些刺激等。二是起到过滤和吸附（收）作用，借助防护用品本身特性，吸附空气中的有毒、有害物质。

《个体防护装备配备规范　第1部分：总则》（GB 39800.1-2020），将目前常用的个人防护用品分为9类，即头部防护、眼面部防护、听力防护、呼吸防护、防护服装、手部防护、足部防护、坠落防护、其他防护，如图6-1所示。

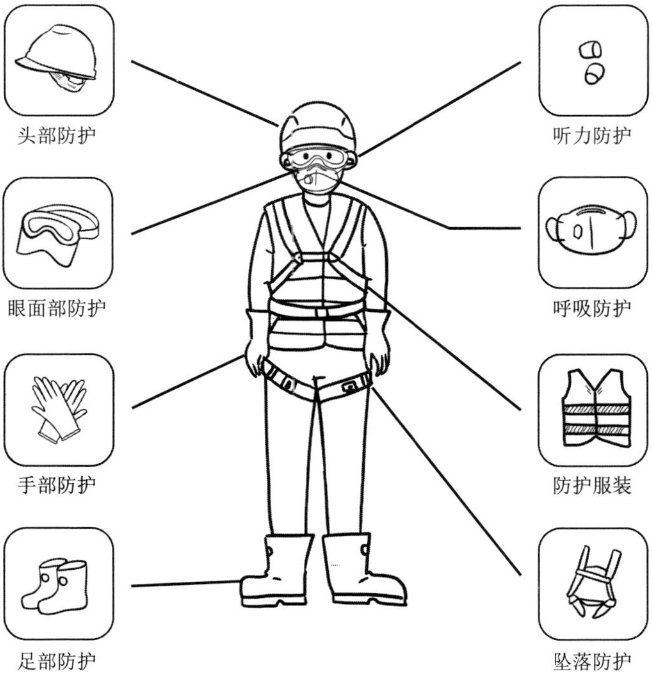

图6-1　常用的个人防护用品

头部防护。防御物理、化学和生物危险、有害因素对头部伤害的头部防护用品，如安全帽、防静电工作帽等。

眼面部防护。防御物理和化学危险、有害因素对眼面部伤害的眼面部防护用品，如焊接眼护具、激光防护镜、职业眼面部防护具等。

听力防护。防噪声危害及防水、防寒等的听力防护用品，如耳罩、耳塞等。

呼吸防护。防御缺氧空气和空气污染物进入呼吸道的呼吸防护用品，如防尘口罩、防毒面具等。

防护服装。防御物理、化学和生物危险、有害因素对躯干伤害的防护服装，如防电弧服、防静电服、高可视性警示服等。

手部防护。防御物理、化学和生物危险、有害因素对手部伤害的手部防护用品，如防寒手套、防静电手套等。

足部防护。防御物理和化学危险、有害因素对足部伤害的足部防护用品，如安全鞋、防化学品鞋等。

坠落防护。防止高处作业劳动者坠落或者高处落物伤害的坠落防护用品，如安全带、安全网、缓冲器等。

其他防护。其他防御危险、有害因素的个人防护用品。

2. 个人防护用品的选用原则

在选择各类防护用品时，须满足以下配备原则：

（1）应符合国家标准或者行业标准。

（2）应与作业场所的环境情况、作业状况、存在的危害因素和危害程度相适应，与作业人员相适合。

（3）应在保证有效防护的基础上，兼顾舒适性。

（4）需要同时配备多种防护用品时，应考虑使用的兼容性和功能替代性，确保防护有效。

（5）用人单位应对劳务派遣工、临时聘用人员、实习生和允许进入作业地点的其他外来人员进行防护用品的配备及管理。

按照 GB 39800.1-2020，个人防护用品选用程序如下图 6-2 所示：

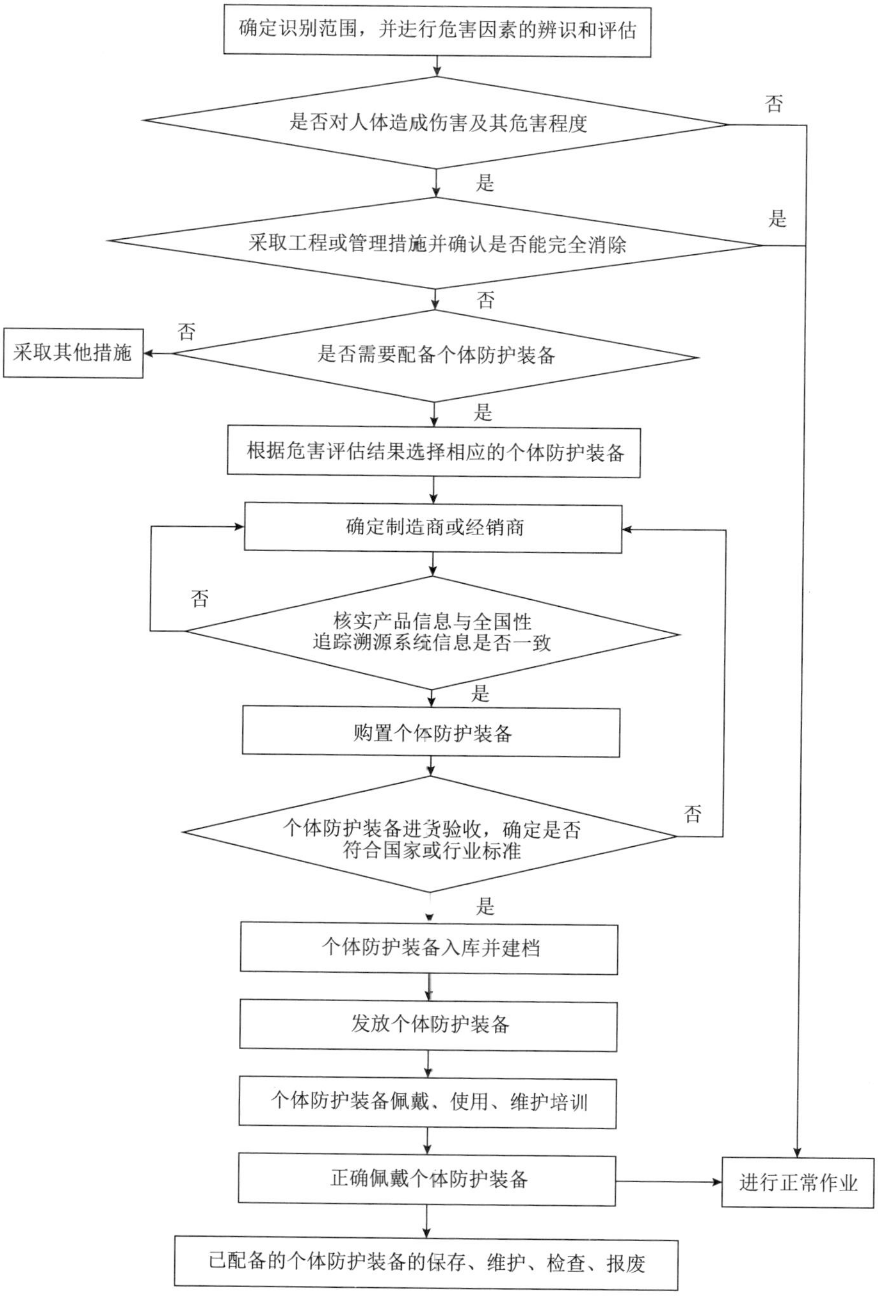

图 6-2　个人防护用品选用程序

3. 个人防护用品介绍

（1）安全帽。

安全帽是对人头部受坠物及其他特定因素引起的伤害起防护作用的装备，还可包含防静电、阻燃、电绝缘、侧向刚性、耐低温等一种或一种以上特殊功能。参考适用范围：造船、煤矿、冶金、有色、石油、天然气、化工、建材、电力、汽车、机械等存在坠物或对头部产生碰撞风险的作业场所。产品标准参见 GB 2811。

（2）防护眼镜和面罩。

防护眼镜和面罩用以保护作业人员的眼睛、面部，防止外来伤害。如焊接眼护具、炉窑眼护具、防冲击眼护具、微波防护具、激光防护镜以及防 X 射线、防化学、防尘等眼护具。焊接眼护具可以保护佩戴者免受由焊接或其他相关作业场所产生的有害光辐射及其他特殊危害。参考适用范围：造船、建材、轻工、机械、电力、汽车、石油、化工、天然气等存在电焊、气弧焊、气焊及气割的作业场所。产品标准参见 GB/T 3609.1、GB/T 3609.2。

（3）听力防护用品。

听力防护用品是用以保护作业者听觉、使其免受噪声过度刺激的防护用品。听力防护用品主要分为两类，一类是置放于耳道内的耳塞，用于阻止声能进入；另一类是置于耳外的耳罩，限制声能通过外耳进入耳鼓及中耳和内耳。参考适用范围：造船、煤矿、冶金、有色、石油、天然气、烟花爆竹、化工、建材、水泥、非煤矿山、电力、汽车、机械等存在噪声的作业场所。产品标准参见 GB/T 31422。

（4）自吸过滤式防颗粒物呼吸器（防尘口罩）。

自吸过滤式防颗粒物呼吸器（防尘口罩）用于防御颗粒物的伤害。参考适用范围：造船、煤矿、冶金、有色、石油、天然气、烟花爆竹、化工、建材、水泥、非煤矿山等存在各类颗粒污染物的作业场所。不适用于防护有害气体和蒸气，也不适用于缺氧环境、水下作业、逃生和消防。产品标准参见 GB 2626。

（5）防护服装。

防护服装主要有防电弧服、防静电服、职业用防雨服、高可视性警示服、隔热服、焊接服、化学防护服等。如化学防护服为防护化学物质对人体伤害的服装。参考适用范围：造船、冶金、有色、石油、天然气、烟花爆竹、化工、水泥、汽车、机械等可能接触化学品和颗粒物的场所。产品标准参见 GB 24539。

（6）防护手套。

防护手套主要有耐酸碱手套、电工绝缘手套、电焊手套、防 X 射线手套、石棉手套、丁腈手套等。如带电作业用绝缘手套具有良好的绝缘和耐高压功能。参考适用范围：电力、冶金、有色、建材、机械、造船、汽车、电子等带电作业或可能接触电源电压的场所，适用于交流 35 千伏及以下电压等级的电气设备上的带电作业。产品标准参见 GB/T 17622。

（7）安全鞋。

安全鞋具有保护足趾、防刺穿、防静电、导电、电绝缘、隔热、防寒、防水、踝保护、耐油、耐热接触、防滑等一种或多种功能。参考适用范围：造船、煤矿、冶金、有色、石油、天然气、烟花爆竹、化工、建材、水泥、非煤矿山、轻工、电力、机械等存在足部伤害的作业场所。产品标准参见 GB 21148。

（8）安全带。

安全带在高处作业、攀登及悬吊作业中，将作业人员绑定在固定构造物附近、限制作业人员活动范围或在发生坠落时将作业人员安全悬挂。参考适用范围：造船、煤矿、冶金、有色、石油、天然气、化工、建材、水泥、非煤矿山、电力、汽车等存在坠落风险的作业场所。产品标准参见 GB 6095。

（9）安全绳。

安全绳通过约束佩戴者活动范围、缓解冲击能量，实现对作业人员的防护功能。参考适用范围：造船、煤矿、冶金、有色、石油、天然气、化工、建材、水泥、非煤矿山、电力、汽车等存在坠落风险的作业场所。产品标准参见

GB 24543。

4. 常见防护用品选用

（1）呼吸器的选用。

用人单位应当根据不同粉尘种类、粉尘浓度及游离二氧化硅含量和毒物的种类及浓度，为接触粉尘、有毒、有害物质的劳动者配备相应的呼吸器。

表 6-1　呼吸器的选用

危害因素	分类	要求
颗粒物	一般粉尘，如煤尘、水泥尘、木粉尘、云母尘、滑石尘及其他粉尘	过滤效率至少满足《呼吸防护—自吸过滤式防颗粒物呼吸器》（GB 2626-2019）规定的 KN90 级别的防颗粒物呼吸器。
	石棉	可更换式防颗粒物半面罩或全面罩，过滤效率至少满足 GB 2626-2019 规定的 KN95 级别的防颗粒物呼吸器。
	矽尘、金属粉尘（如铅尘、镉尘）、砷尘、烟（如焊接烟、铸造烟）	过滤效率至少满足 GB 2626-2019 规定的 KN95 级别的防颗粒物呼吸器。
	放射性颗粒物	过滤效率至少满足 GB 2626-2019 规定的 KN100 级别的防颗粒物呼吸器。
	致癌性油性颗粒物（如焦炉烟、沥青烟）	过滤效率至少满足 GB 2626-2019 规定的 KP95 级别的防颗粒物呼吸器。
化学物质	窒息气体	隔绝式正压呼吸器。
	无机气体、有机蒸气	工作场所毒物浓度超标不大于 10 倍，使用送风或自吸过滤半面罩；工作场所毒物浓度超标不大于 100 倍，使用送风或自吸过滤全面罩；工作场所毒物浓度超标大于 100 倍，使用隔绝式或送风过滤式全面罩。
	酸、碱性溶液、蒸气	防酸碱面罩。

过滤元件为过滤式呼吸器使用的，可滤除吸入空气中有害物质的过滤材料或过滤组件，按过滤性能分为 KN（只适用于过滤非油性颗粒物）和 KP（适用于过滤油性和非油性颗粒物）两类。根据过滤效率水平，过滤元件的级别按表中分级。

表 6-2　过滤元件的分级

过滤元件类型	面罩类别		
	随弃式面罩	可更换式半面罩	全面罩
KN 类	KN90 KN95 KN100	KN90 KN95 KN100	KN95 KN100
KP 类	KP90 KP95 KP100	KP90 KP95 KP100	KP95 KP100

过滤效率为在规定检测条件下，过滤元件滤除颗粒物的水平。按照 GB 2626-2019 规定的方法对过滤元件进行检测，检测过程中，每个样品的过滤效率应始终符合下表中要求。

表 6-3　不同过滤元件的过滤效率

过滤元件的类别和级别	用氯化钠颗粒物检测	用油类颗粒物检测
KN90	≥ 90.0%	不适用
KN95	≥ 95.0%	
KN100	≥ 99.97%	
KP90	不适用	≥ 90.0%
KP95		≥ 95.0%
KP100		≥ 99.97%

（2）护听器的选用。

接触噪声的劳动者，当暴露于 80 分贝≤ 8 小时等效声级 <85 分贝的工作场所时，用人单位应当根据劳动者需求为其配备适用的护听器；当暴露于 8 小

时等效声级≥ 85 分贝的工作场所时，用人单位必须为劳动者配备适用的护听器，并指导劳动者正确佩戴和使用。

表 6-4　护听器的选用

<table>
<tr><th>危害因素</th><th>分类</th><th>要求</th></tr>
<tr><td rowspan="2">噪声</td><td>8 小时等效声级为 85～95 分贝</td><td>选用护听器信噪比为 17～34 分贝的耳塞或耳罩</td></tr>
<tr><td>8 小时等效声级≥ 95 分贝</td><td>选用护听器信噪比≥ 34 分贝的耳塞、耳罩或者同时佩戴耳塞和耳罩，耳塞和耳罩组合使用时的声衰减值，可按二者中较高的声衰减值增加 5 分贝估算</td></tr>
<tr><td colspan="3">信噪比是指一个电子设备或者电子系统中信号与噪声的比例，是根据不同作业场景正确选用护听器的关键参数。一般来说，信噪比越大，混在信号里的噪声越小，否则相反。</td></tr>
</table>

三、职业病危害事故应急处置

为了规范职业病危害事故的现场应急处置，及时有效地控制职业病危害事故，减轻职业病危害事故造成的损害和防止事故恶化，最大限度地降低事故损失，用人单位必须建立职业病危害事故应急管理机构，综合分析本单位存在的职业病危害因素的分布、特点，编制职业病危害事故应急救援预案，及时、高效地组织实施应急救援行动，防止职业病危害事故的发生。

1. 职业病危害事故分类

职业病危害事故分两大类，即职业伤害事故与职业病，职业伤害事故是指因生产过程及工作原因或与其相关的其他原因造成的伤亡事故。

（1）按照事故发生的原因分类。根据我国《企业职业伤亡事故分类》（GB 6441-1986）规定，职业伤害事故分为 20 类，其中与职业病危害相关的包括灼烫、火灾、中毒和窒息及其他伤害，具体如下：

①灼烫，指火焰引起的烧伤、高温物体引起的烫伤、强酸或强碱引起的灼伤、放射线引起的皮肤损伤，不包括电烧伤及火灾事故引起的烧伤。

②火灾，在火灾时造成的人体烧伤、窒息、中毒等。

③中毒和窒息，指煤气、油气、沥青、化学、一氧化碳中毒等。

④其他伤害，包括扭伤、跌伤、冻伤、野兽咬伤等。

（2）按照事故后果严重程度分类。根据我国《企业职工伤亡事故分类》（GB 6441-1986）规定，职业伤害事故分为：

①轻伤事故，指造成职工肢体或某些器官功能性或器质性轻度损伤，能引起劳动能力轻度或暂时丧失的伤害事故，一般每个受伤人员休息 1 个工作日以上，105 个工作日以下。

②重伤事故，指受伤人员肢体残缺或视觉、听觉等器官受到严重损伤，能引起人体长期存在功能障碍或劳动能力有重大损失的伤害，或者造成每个受伤人员损失 105 个工作日以上的失能伤害的事故。

③死亡事故，一次事故中死亡职工 1～2 人的事故。

④重大伤亡事故，一次事故中死亡 3 人以上（含 3 人）的事故。

⑤特大伤亡事故，一次事故中死亡 10 人以上（含 10 人）的事故。

（3）按照事故造成的人员伤亡或者直接经济损失分类。依据 2015 年起实施的《生产安全事故报告和调查处理条例》规定，职业事故分为：

①特别重大事故，指造成 30 人以上死亡，或者 100 人以上重伤（包括急性工业中毒，同下），或者 1 亿元以上直接经济损失的事故。

②重大事故，指造成 10 人以上 30 人以下死亡，或者 50 人以上 100 人以下重伤，或者 5000 万元以上 1 亿元以下直接经济损失的事故。

③较大事故，指造成 3 人以上 10 人以下死亡，或者 10 人以上 50 人以下重伤，或者 1000 万元以上 5000 万元以下直接经济损失的事故。

④一般事故，指造成 3 人以下死亡，或者 10 人以下重伤，或者 1000 万元以下直接经济损失的事故。

2. 应急管理基本知识

用人单位应按照各部门工作职责，成立相应的应急队伍，并进行专门的技能培训和演练，做好日常应急准备检查工作，确保职业病危害事件发生后，按照突发事件情况和应急指挥部的指示及时到位，具体开展应急处理工作。

当用人单位内部发生突发事件后，单位内所有职工在生命安全不受到威胁的条件下，都有义务参加本单位的应急抢险任务，接受应急领导小组的指挥。

事故发生后，事故现场有关人员应当立即向本单位负责人报告，单位负责人接到报告后，应当于1小时内向事故发生地县级以上人民政府应急管理部门和负有应急管理职责的有关部门报告。情况紧急时，事故现场有关人员可以直接向事故发生地县级以上人民政府应急管理部门和负有应急管理职责的有关部门报告。事故报告应当及时、准确、完整，任何单位和个人对事故不得迟报、漏报、谎报或者瞒报。

事故调查处理应当坚持实事求是、尊重科学的原则，及时、准确地查清事故经过、事故原因和事故损失，查明事故性质，认定事故责任，总结事故教训，提出整改措施，并对事故责任者依法追究责任。

事故报告后出现新情况的，应当及时补报。自事故发生之日起30日内，事故造成的伤亡人数发生变化的，用人单位应当及时补报。道路交通事故、火灾事故自发生之日起7日内，事故造成的伤亡人数发生变化的，应当及时补报。

事故发生后，用人单位负责人接到事故报告，应当立即启动事故相应应急预案，或者采取有效措施，组织抢救，防止事故扩大，减少人员伤亡和财产损失。

事故发生地有关地方人民政府、应急管理部门和负有安全生产监督管理职责的有关部门接到事故报告后，其负责人应当立即赶赴事故现场，组织事故救援。

事故发生后，有关单位和人员应当妥善保护事故现场以及相关证据，任何单位和个人不得破坏事故现场、毁灭相关证据。

因抢救人员、防止事故扩大以及疏通交通等原因，需要移动事故现场物件的，应当做出标志，绘制现场简图并做出书面记录，妥善保存现场重要痕迹、物证。

3. 常见应急救援设施

依据不同用途和配备目的，职业病危害事故应急救援设施分为报警装置、强制通风设施、现场紧急处置设施、急救或损伤紧急处置用品及其他应急救援设备设施。报警装置通常用于检测和（或）报警工作场所中的有毒气体。强制通风设施用于工作场所的有毒气体、易挥发性溶剂等发生逸散时强制排出。现场紧急处置设施主要是洗眼器、喷淋装置等设备。急救或损伤紧急处置用品指急救药品等现场急救用品。

（1）报警装置。

就职业卫生工作领域的应急救援工作来说，应急救援用监测报警通常是用于检测和（或）报警工作场所空气中有毒气体的装置和仪器，由探测器和报警控制器组成，具有有毒气体自动检测和报警功能，常用有固定式、移动式和便携式检测报警仪。

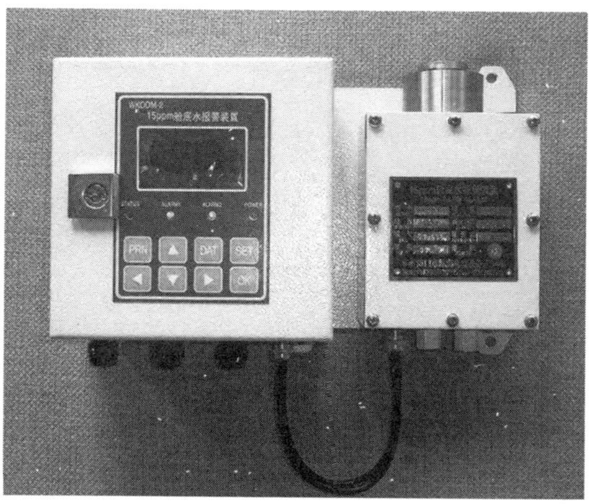

图 6–3　报警装置

（2）强制通风设施。

强制通风设施也称事故通风设施，其用于有毒气体、易挥发性溶剂等发生逸散、泄漏等的工作场所。强制通风设施是为避免有害气体等的积聚而造成进一步人员伤害，所设置的与有害物质逸散、泄漏等相关联的事故通风设备设施。

图 6-4　强制通风设施

（3）现场紧急处置设施。

现场紧急处置设施是指用于处置喷溅于劳动者皮肤黏膜上的有毒、有害物质，避免急性职业损伤进一步加剧的设备设施，常见有洗眼器、喷淋装置等冲洗类设备设施。

（4）急救或损伤紧急处置用品。

急救或损伤紧急处置用品是指劳动者发生急性职业损伤后，用于急救的药品或紧急处置劳动者伤口、受损伤的皮肤黏膜等的用品以及急救药品等。包括针对某一类型特定化学物中毒的急救药品，剪刀、镊子、胶带、纱布、棉签、生理盐水、医用酒精等紧急处置用品，用于中和酸碱的常用弱酸碱性药液等。

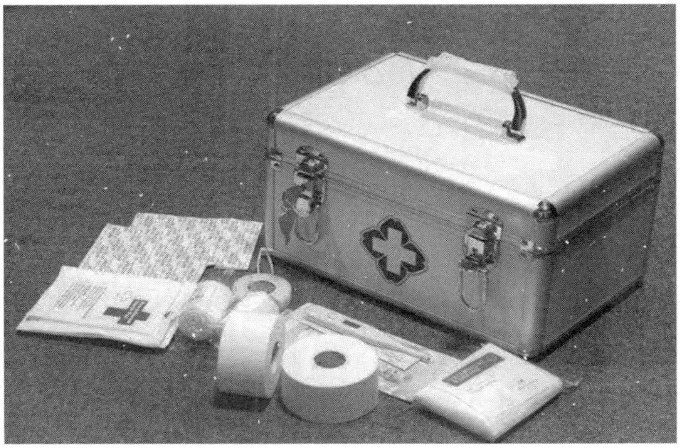

图 6-5　急救或损伤紧急处置用品

（5）其他应急救援设备设施。

其他应急救援设备设施主要包括个人防护用品、通信设备设施、运输设备设施等。

个人防护用品是发生急性中毒等急性职业损伤时，从事现场救助的人员必须佩戴的装备，如正压式空气呼吸器、逃生面罩、防化服、耐酸碱服等，其常存放于有毒有害工作场所专用的气体防护柜内。

通信设备设施用于发生急性职业损伤事故时指挥人员、救援人员等之间的紧急联络。

运输设备设施，如担架、气防车、急救车、缓降器等，用于第一时间将受伤害人员抬离危险区域。

4. 职业中毒事故的应急救援

职业中毒事故是指企业、事业单位和个体经济组织（统称用人单位）的劳动者在职业活动中因一次或短时间大量接触有毒化学物质而引起的急性疾病事故。

当发生职业中毒事故时，劳动者应当及时向所在地卫生健康行政主管部门、职业中毒事故应急指挥部办公室和有关部门报告，上报内容应包括报告人单位名称、报告人姓名、报告时间、主要联络人及备用联络人；事故发生地点、时间、发病情况、死亡人数、可能发生原因（毒物名称、毒物状态）、波及的范围、已采取措施和发展趋势等。

在等待救援队伍到来之前，事故单位和现场的劳动者应积极采取以下措施，努力减少或者消除职业危害因素，防止事故扩大。

（1）紧急处置。各部门根据自身职责和现场事故组组长的安排迅速开展工作，分工合作。

（2）控制危险源。如果是毒物泄漏造成职业中毒事故，应及时控制造成事故的危险源，尽快组织工程抢险队和事故单位技术人员一起及时堵源。

（3）查明事故原因。应尽快检测中毒的化学物质及其浓度，测出事故的危害区域，提供有关数据。迅速查明事故原因、危害程度及波及范围，制定救援方案。

（4）控制事故现场。如果是固体或液体毒物，应立即停止作业；如果是气体和液体毒物泄漏，应停止作业，尽快堵塞；如果是易燃易爆等危险性化学物质，应防火防爆，灭火救险，同时封存造成职业中毒事故的材料、设备和工具等。

当职业病危害事故结束后，用人单位需进行事故后的清理和整改。待事故原因查清或事态得到有效控制后，对封存的设备、工具、材料解除封存，恢复生产。尽量避免或减少因封存而造成的损失。撰写事故调查报告、经验教训总结及改进建议。根据事故性质报政府办公厅进行审查，并向相关部门通报。

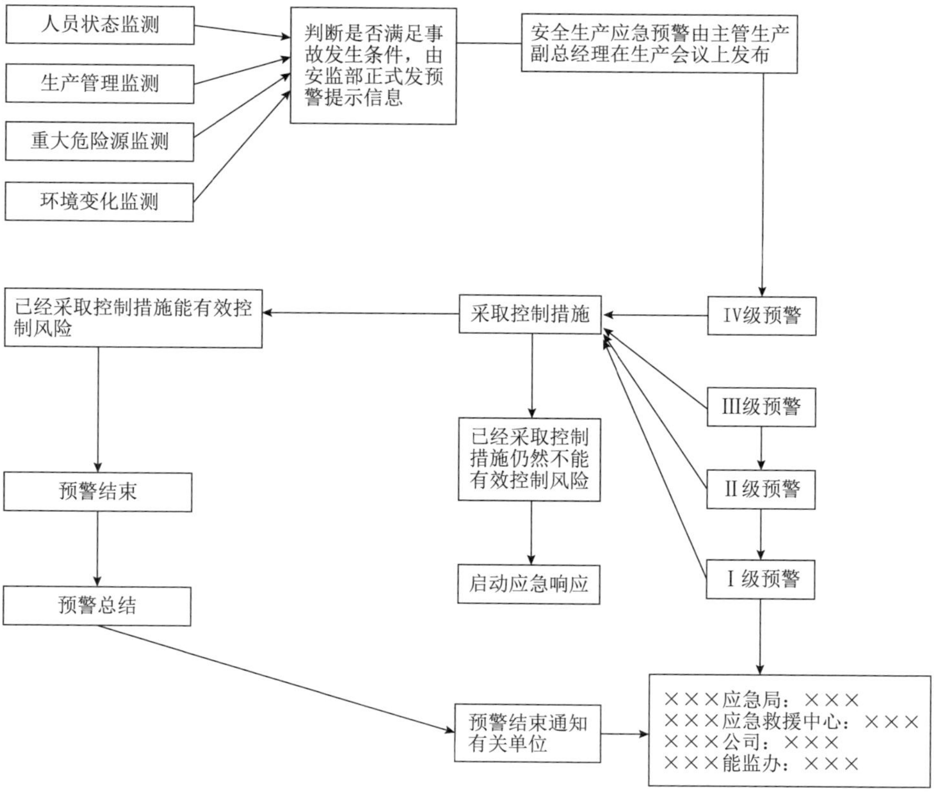

图 6-6　职业中毒事故预警流程

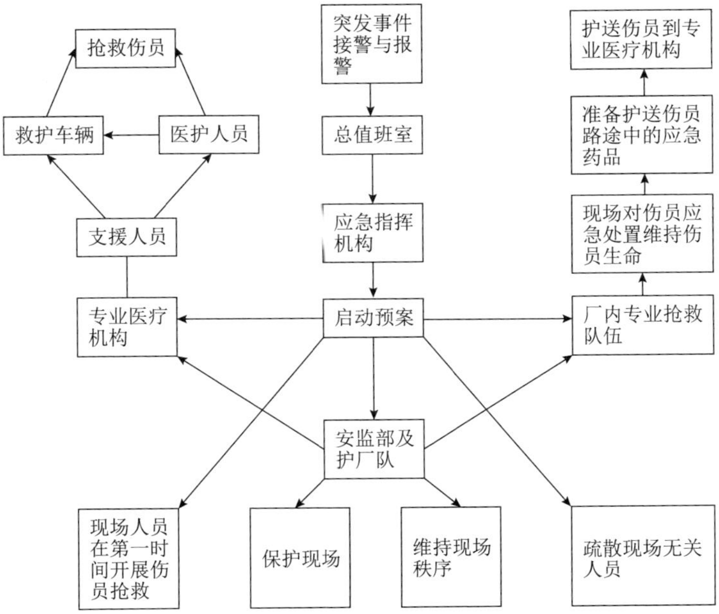

图 6-7　职业中毒应急处置流程

延伸阅读

常见职业中毒应急处置

1. 铅中毒

急救措施：口服中毒者可立即给予大量浓茶或温水，刺激咽部以诱导催吐，然后给予牛奶、蛋清、豆浆以保护胃黏膜。对腹痛者可用热敷或口服阿托品 0.5～1.0 毫克；对昏迷者应及时清除口腔内异物，保持呼吸道的通畅，防止异物误入气管或呼吸道引起窒息。经现场急救后，立即送医院抢救，否则危及患者生命。

防护措施：降低生产环境中铅的浓度，使之达到卫生标准是铅中毒预防的关键，同时劳动者自身应该增加个体防护。

泄漏处置：用干净的铲子收集于干燥洁净有盖的器皿中，切断火源。戴好防毒面具，穿好正常消防防护服，用石灰、柏油或者恰当的热塑性材料固化解决再废除。用干沙土混合后倒至空旷地掩埋，污染地面用肥皂或洗涤剂刷洗，经稀释的污水放入废水系统。

2. 汞中毒

急救措施：口服中毒者应及时用碳酸氢钠溶液或温水洗胃催吐，然后口服牛奶、蛋清或豆浆，以吸附毒物。需注意的是，切忌用盐水，否则，有增加身体对汞吸收的可能。吸入汞中毒者应立即撤离现场，换至空气新鲜、通风良好处，有条件的还应吸氧。有吞咽困难者应该禁食，并口服绿豆汤、豆浆、麻油3种物质混合的液体。注重口腔护理，对抽搐、昏迷者应及时清除口腔内异物，保持呼吸通畅。

防护措施：改革工艺生产设备，控制工作场所空气中的汞浓度。加强个体防护，建立卫生操作制度。

泄漏处置：关掉室内所有的加热装置，以减少汞蒸发。打开窗户，充分换气。禁止将收集起来的汞液倒入下水道，以免污染地下水源。可撒些硫黄粉，以降低汞液的毒性。硫黄粉与汞液结合可形成难以挥发的硫化汞化合物，从而防止了汞液对人体的伤害。

3. 锰中毒

急救措施：首先用简单方法催吐。对已发生呕吐的患者应多次饮清水或盐水使其反复呕吐。急性锰中毒患者应尽快送医院进行洗胃。在催吐或彻底洗胃后，可由胃管注入或口服泻剂，使已进入肠腔的毒物迅速排出。已严重脱水的患者及强腐蚀性中毒者及孕妇禁止导泻。

防护措施：预防锰中毒的主要方法是加速通风和个体防护。接触锰的工人应采取防尘措施和佩戴防毒口罩，勤换衣服，勤洗澡，禁止在工作场所吸烟和进食。

泄漏处置：隔离泄漏污染区，周围设警示标志，切断电源。建议应急处理人员戴好防毒面具，穿一般消防防护服。避免扬尘，使用无火花工具收集于干燥洁净有盖的容器中，转移回收。

4. 氨中毒

急救措施：迅速脱离现场至空气新鲜处。保持呼吸道畅通。呼吸困难时给予输氧，呼吸停止者立即进行人工呼吸，及时就医。

防护措施：车间空气中氨的短时间接触容许浓度为30毫克每立方米，超标时必须佩戴防毒口罩。紧急事态抢救或逃生时建议佩戴自给式呼吸器。

泄漏处置：迅速撤离泄漏污染区人员至上风处，并隔离直至气体散尽。切断火源。建议应急处理人员佩戴正压自给式呼吸器，穿化学防护服（完全隔离）。切断气源。高浓度泄漏区，喷含盐酸水雾中和、稀释、溶解，然后抽排（室内）或强力通风（室外）。也可以将残余气体或漏出气用排风机送至水洗塔或与塔相连的通风橱内。

5. 氯气中毒

急救措施：中毒后应立即使患者脱离中毒环境，急救者进入现场时应注意自身保护，有条件的应佩戴供氧式防毒面罩。患者体表或眼内有液气污染时，应在脱除其衣物后立即持续清洗。凡有刺激症状者均应静卧、保暖，密切观察24小时，并予吸氧，必要时应定时拍摄X线胸片观察。凡有喉、支气管痉挛者，应给予氨茶碱缓慢静脉注射及雾化吸入氢化可的松等。

防护措施：氯气的各项工艺程序应密闭化、管道化、自动化。氯气作业人员应配备个人防护用品，严禁有职业禁忌的人员作业。

泄漏处置：发生氯气泄漏时，救援人员应尽可能切断泄漏源，合理通风，加速扩散。用喷雾状水稀释，溶解氯气，妥善处理漏气容器。

6. 氮氧化物中毒

急救措施：急性中毒患者应迅速脱离中毒现场，静卧、保暖。

立即吸氧，并给予对症处理。对密切接触者需观察24～72小时，注意病情变化并给予适当治疗。积极防治肺水肿，早期给予足量糖皮质激素，为预防阻塞性毛细支气管炎，可酌情延长糖皮质激素使用时间。预防、控制感染，纠正电解质紊乱及酸中毒。

防护措施：对生产场所中可能产生氮氧化物的设备，应定期维修。加强氮氧化物危害场所通风排毒。生产企业应加强对职工的防毒教育，定期开展身体检查等。

泄漏处置：撤离泄漏污染区人员至上风处，并进行隔离，严格限制出入。建议应急处理人员佩戴自给正压式呼吸器，穿防毒服。尽可能切断泄漏源。若是气体，合理通风，加速扩散。喷雾状水稀释、溶解。构筑围堤或挖坑收容产生的大量废水。漏气容器要妥善处理，修复、检验后再用。若是液体，用大量水冲洗，洗水稀释后放入废水系统。

7. 一氧化碳中毒

急救措施：迅速脱离现场至空气新鲜处。呼吸困难者给予输氧，呼吸及心跳停止者立即进行人工呼吸和心脏按压术，及时就医。

防护措施：车间空气中一氧化碳的短时间接触容许浓度为30毫克每立方米，超标时必须佩戴防毒面具。紧急事态抢救或逃生时建议佩戴正压自给式呼吸器。

泄漏处置：迅速撤离泄漏污染区人员至上风处，并隔离直至气体散尽。切断火源。建议应急处理人员佩戴正压自给式呼吸器，穿一般消防防护服。切断气源。喷雾状水稀释、溶解，抽排（室内）或强力通风（室外）。

8. 硫化氢中毒

急救措施：迅速脱离现场至空气新鲜处。呼吸困难者给予输氧，呼吸及心跳停止者立即进行人工呼吸和心脏按压术，及时就医。

防护措施：车间空气中硫化氢的最高容许浓度为10毫克每立方米，超标时必须佩戴防毒面具。紧急事态抢救或逃生时建议佩戴正压自给式呼吸器。

泄漏处置：迅速撤离泄漏污染区人员至上风处，并隔离直至气体散尽。切断火源。建议应急处理人员佩戴自给式呼吸器，穿一般消防防护服。切断气源。喷雾状水稀释、溶解，注意收集并处理废水。抽排（室内）或强力通风（室外）。如有可能，将残余气体或漏出气用排风机送至水洗塔或与塔相连的通风橱内或使其通过三氯化铁水溶液。

9. 二氧化硫中毒

急救措施：迅速脱离现场至新鲜空气处。保持呼吸道通畅。如呼吸困难，给予输氧。如呼吸停止，立即进行人工呼吸，及时就医。如误食，饮足量温水，催吐。如皮肤接触，脱去被污染衣物，用清水彻底冲洗皮肤。如眼睛接触，提起眼睑，用流动清水或生理盐水冲洗。

防护措施：呼吸系统防护，空气中浓度超标时，佩戴自呼吸过滤式防毒面具（全面罩），紧急事态抢救或撤离时，佩戴正压自给式呼吸器；身体防护，穿聚乙烯防毒服；手防护，戴橡胶手套；其他防护，工作现场禁止吸烟、进食和饮水。工作完毕，淋浴更衣。保持良好的卫生习惯。

泄漏处置：迅速撤离泄漏污染区人员至上风处，并立即隔离150米，严格限制出入。切断火源。建议应急处理人员佩戴自给正压式呼吸器，穿防静电工作服。尽可能切断泄漏源。合理通风，加速扩散。喷雾状水稀释、溶解。

10. 氰化氢中毒

急救措施：立即脱离现场，就地及时治疗。脱离现场后应脱去被污染衣服，清洗被污染的皮肤，同时应用解毒剂，如4-二甲基氨基苯酚等。呼吸、心搏骤停者，按心脏复苏方案治疗。对其他症状进行对症治疗。

防护措施：严格遵守操作规程，普及防毒和急救的知识。加强个体防护，处理事故及进入现场抢救时，应佩戴防毒面具。含氢废气、废水处理后方能排放。

泄漏处置：用水稀释、降解泄漏物浓度，防止泄漏物向重要目标或危险源扩散。

11. 有机溶剂中毒

急救措施：发生中毒事故区域特别是下风向的人员应尽快撤离或就地躲避在建筑物内。立即将患者移到空气新鲜的地方，脱去被污染衣服，迅速用大量清水和肥皂水清洗被污染的皮肤，同时要注意保暖。眼内污染者，用清水至少持续冲洗10分钟。对呼吸、心跳停止者立即施行人工呼吸和胸外心脏按压，有条件的可肌内注射呼吸兴奋剂等。昏迷者针刺人中、十宣、涌泉等穴位。迅速送往医院抢救和进行后续治疗。

防护措施：加强密闭和通风，减少有机溶剂的逸散和蒸发。生产场所尽量采用自动化和机械化，减少人员直接接触的机会。存在有机溶剂毒害的场所应使用个人防护用品，如防毒口罩或防护手套。皮肤黏膜受污染时，应及时冲洗干净。勿用污染的手进食或吸烟。勤洗手、洗澡与更衣。相关场所的工作人员应定期进行健康检查，及时发现中毒征象，并进行相应的治疗和严密的动态观察。

泄漏处置：立即疏散现场人员，利用合理方式对有机溶剂进行收集和处理。对现场进行洗消。

12. 苯中毒

急救措施：迅速脱离现场至空气新鲜处，保持呼吸道畅通。

呼吸困难时给予输氧，呼吸及心跳停止者立即进行人工呼吸和心脏按压术，及时就医。

防护措施：车间空气中苯的短时间接触容许浓度为10毫克每立方米，超标时佩戴防毒面具。紧急事态抢救或逃生时应该佩戴自给式呼吸器。

泄漏处置：疏散泄漏污染区人员至安全区，禁止无关人员进入污染区。切断火源。建议应急处理人员佩戴自给式呼吸器，穿一般消防防护服。在确保安全的情况下堵漏。喷水雾会减少蒸发，但不能降低泄漏物在受限制空间内的易燃性。用活性炭或其他惰性材料吸收，然后使用无火花工具收集运至废物处理场所处置。

13. 甲苯及二甲苯中毒

急救措施：若吸入较高浓度的甲苯及二甲苯蒸气，患者应立即脱离现场至空气新鲜处。有症状者给予吸氧，密切观察病情变化。直接吸入液体者应吸氧，应用抗生素预防肺部感染，对症处理。如果出现全身症状，需及时处理。食入者应饮足量温水，催吐后就医。如果是经皮肤接触，应脱去被污染的衣物，用肥皂水和清水彻底冲洗皮肤。如果是眼睛接触，应提起眼睑，用流动的清水或生理盐水冲洗，并迅速就医。

防护措施：降低空气中的甲苯及二甲苯浓度。通过密闭通风，将空气中的甲苯及二甲苯浓度控制在国家卫生标准以下，加强对作业人员的健康检查。做好就业前和定期的健康检查工作。作业人员应加强个体防护。

泄漏处置：迅速撤离泄漏污染区人员至安全区，并进行隔离，严格限制出入。切断火源。建议应急处理人员佩戴自给正压式呼吸器，穿消防防护服。尽可能切断泄漏源，防止进入下水道、排洪沟等限制性空间。

小量泄漏：用活性炭或其他惰性材料吸收。也可以用不燃性分散剂制成的乳液刷洗，洗液稀释后放入废水系统。

大量泄漏：构筑围堤或挖坑收容；用泡沫覆盖，抑制蒸发。用防爆泵转移至槽车或专用收集器内，回收或运至废物处理场所处置。迅速将被甲苯污染的土壤收集起来，转移到安全地带。对污染地带沿地面加强通风，蒸发残液，排除蒸气。迅速筑坝，切断受污染水体的流动，并用围栏等限制甲苯的扩散。

14. 苯胺中毒

急救措施：迅速将患者移出现场，除去被苯胺污染的衣服，用75%酒精或温肥皂水反复擦洗被污染的皮肤，防止继续吸入人体。高铁血红蛋白浓度在30%～40%时，应使用治疗高铁血红蛋白症的特殊解毒剂——美蓝。其他症状对症治疗。

防护措施：改革生产工艺和设备，尽量用低毒、无毒代替有毒的新工艺方法，如用硝基苯加氢法代替铁粉还原法生产苯胺，可杜绝作业人员因进入反应锅内去除铁泥而引起的急性中毒。生产设备密闭化、自动化。加强通风，以便车间空气中苯胺浓度保持在最高容许浓度以下。加强设备检修，遵守操作规程，杜绝“跑、冒、滴、漏”现象。加强个体防护，作业人员应穿着防护衣靴。就业前体检和定期体检，凡有肝、肾疾病，血液病，葡萄糖-6-磷酸脱氢酶缺陷者，以及慢性皮肤病，如慢性湿疹者，不宜从事接触苯胺作业。

泄漏处置：迅速撤离泄漏污染区人员至安全区，并进行隔离，严格限制出入。切断火源。建议应急处理人员佩戴自给正压式呼吸器，穿防毒服。不要直接接触泄漏物。尽可能切断泄漏源。防止流入下水道、排洪沟等限制性空间。

小量泄漏：用沙土或其他不燃材料吸附或吸收。

大量泄漏：构筑围堤或挖坑收容。喷雾状水或泡沫冷却和稀释蒸气，保护现场人员。用泵转移至槽车或专用收集器内，回收或运至废物处理场所处置。

15. 三硝基甲苯中毒

急救措施：皮肤接触中毒时，立即脱去被污染衣物，用肥皂及清水彻底冲洗接触部位。眼睛接触时，应立即提起眼睑，用大量流动的清水或生理盐水冲洗。吸入三硝基甲苯蒸气时，应使患者迅速脱离现场至空气新鲜处。注意保暖，呼吸困难时给患者输氧。呼吸及心跳停止者立即进行人工呼吸和心脏按压术并及时就医。食入时，应让误服者漱口、饮水，洗胃后口服活性炭，再给予导泻并及时就医。

防护措施：降低作业环境中的三硝基甲苯粉尘及蒸气的浓度。工作时要穿“三紧”工作服，工作后彻底淋浴。可用10%亚硫酸钾肥皂洗浴、洗手，三硝基甲苯遇到亚硫酸钾变为红色，将红色全部洗净，表示皮肤污染已洗去。也可用浸过9∶1的酒精、氢氧化钠溶液的棉球擦手，如不出现黄色，则表示三硝基甲苯污染已清除。

泄漏处置：隔离泄漏污染区，周围设警告标志，切断火源。建议应急处理人员佩戴防毒面具，穿化学防护服。冷却，防止振动、撞击和摩擦，避免扬尘，使用无火花工具小心扫起，转移到安全场所。也可以用大量清水冲洗，已稀释的洗水放入废水系统。如大量泄漏，用水润湿，收集、转移、回收或无害处理后废弃。

16. 二异氰酸甲苯酯中毒

急救措施：立即脱离现场至新鲜空气处。液体污染眼或皮肤时，应用清水彻底冲洗。吸入二异氰酸甲苯酯有黏膜刺激症状者应密切观察，早期吸氧对症处理，给予糖皮质激素，限制饮水量，合理使用抗生素，注意肺水肿的预防和处理。

防护措施：用沸点较高、蒸气压较小的异氰酸酯类代替二异氰酸甲苯酯。二异氰酸甲苯酯挥发性大，生产过程密闭，应加强通风。车间空气中的二异氰酸甲苯酯浓度应控制在最高容许浓度以下。在进行聚氨酯油漆喷涂时，作业人员应佩戴送风面罩，供应新鲜空气，防止吸入二异氰酸甲苯酯。

泄漏处置：佩戴防毒面具与防毒手套。用 4 倍量消石灰中和后扫起，倒至空旷地方掩埋或焚烧。对污染的地面用肥皂或洗涤剂刷洗，经稀释的污水放入废水系统。

17. 氯乙烯中毒

急救措施：立即脱离现场，吸入新鲜空气，送往医院，对症治疗。

防护措施：生产车间应做好设备及管道的密闭，加强通风，减低车间空气中聚乙烯浓度。聚合反应容器使用夹套水冷却装置，防止聚合釜内温度骤升及氯乙烯蒸气大量逸出。加强设备维修，做好防爆措施，防止氯乙烯气体外泄。注意检修时的防毒。作业人员应定期体检，每年 1 次，对接触浓度高者应每 1～2 次做手指 X 线检查，并检查肝功能。

泄漏处置：迅速撤离泄漏污染区人员至上风处，并进行隔离，严格限制出入。切断火源。建议应急处理人员佩戴自给正压式呼吸器，穿防静电工作服。尽可能切断泄漏源。用工业覆盖层或吸附（吸收）剂盖住泄漏点附近的下水道等地方，防止气体进入。合理通风，加速扩散。喷雾状水稀释、溶解。如有可能，将残余气或漏出气用排风机送至水洗塔或与塔相连的通风橱内。漏气容器要妥善处理，修复、检验后再用。

18. 有机磷酸酯类农药中毒

急救措施：立即脱离中毒现场，脱去被污染的衣服，用肥皂水彻底清洗被污染的皮肤、头发、指甲；如果眼部受到污染，应迅速用清水或 2% 碳酸氢钠溶液冲洗，洗后滴入 1% 马托品数滴；口服中毒者用温水或 2% 碳酸氢钠溶液反复洗胃，直至洗出液无农药味为止。轻度中毒者可单独给予阿托品；中度中毒者，阿托品及胆碱酯酶复能剂两者并用。其他症状对症治疗。

防护措施：实现生产设备机械化、管道化、密闭化和自动化；设置有效的通风装置；及时检修设备，杜绝“跑、冒、滴、漏”现象。定期检测、评价车间空气中有机磷酸酯类农药浓度，使其符合国家卫生标准。作业人员应正确使用个人防护用品。在运输、销售过程中必须遵守《农药贮运、销售和使用的防毒规程》（2006 年）的规定。专车、专船装运，不能与粮食、食品混装，并转库储存。

泄漏处置：切断泄漏源，防止有毒物质发生再次伤害。利用合理方式稀释、分解或收集农药，避免造成水资源和环境污染。

19. 拟除虫菊酯类农药中毒

急救措施：立即脱离现场，有皮肤污染者应立即用肥皂水或清水彻底冲洗。口服中毒者用清水或 1% ~3% 碳酸氢钠溶液洗胃。急性中毒者以对症治疗为主，重度中毒者应加强支持治疗。

防护措施：拟除虫菊酯类农药的防护措施与有机磷酸酯类农药相似，参见有机磷酸酯类农药防护。

泄漏处置：拟除虫菊酯类农药的泄漏处置与有机磷酸酯类农药相似，参见有机磷酸酯类农药处置。

四、工作相关疾病的预防控制措施

工作相关疾病可发生在各个行业、各职业人群中，影响范围广。因此，工作相关疾病的预防尤为重要。

1. 工作场所干预

（1）合理的工作组织与工作时间。

工作组织包括工作班制、轮班（倒班）制度、工作时间、工间休息、工作强度等。合理的工作制度包括减少加班，每周工作时间控制在 50 小时以内；设置工间休息时间至少每天 30 分钟（上、下午各 15 分钟）。

（2）正确的工作姿势和负重限制。

为了在不良姿势下产生与在中立姿势下相同的力，肌肉必须更加努力地工作，身体也会消耗更多的能量，长期以不良姿势工作会增加工作相关肌肉骨骼疾患的患病风险。

正确的姿势：

①使身体靠近所处理物体的位置或施力的位置。

②避免躯干发生强烈的横向弯曲或扭曲。

③靠近工作区域和身体，使其能够在伸手可及的范围内执行任务；如果合适，使用脚手架和梯子等辅助工具。

④经常改变姿势，交替激活不同的肌肉；考虑站姿和坐姿之间的交替。

正确的用力：

①进行推拉时，应确保力作用在身体附近。

②避免只用一只手推拉。

③避免用强烈的横向弯曲和（或）扭曲的躯干推拉。

正确搬举重物：

①尽量使用起重机、推车、支架、托盘、千斤顶、移动式升降机等设备搬运重物。

②两人一起搬运重物。

③双手举起，尽可能将重物靠近身体。

④举起重物时，躯干直立，双腿伸展向内弯曲，避免在不良姿势（如侧向弯曲或扭转）下承受大量负荷。

（3）适宜的工具。

手动工具设计可以在减少肌肉骨骼疾患方面发挥重要作用。针对工人任务设计的工具可以大大减少工人暴露于风险因素的可能。然而，使用设计不良的工具或不适当的工具会对整个身体产生负面影响，因为它会导致工人因完成任务采取不良姿势，并增加工人所施加的力。这种工具也可以直接对身体其他部位施加不必要的力或振动。

在购买或选择手动工具时，应考虑以下几个因素：

①手柄的方向是否允许使用中性关节姿势。

②当使用手持式动力工具时，手柄的尺寸是否允许手握持中等宽度（4.5~9.5 厘米，手呈“C”形状）。

③手柄是否伸出手掌。

④手柄形状是否适合手掌。

⑤如果需要夹紧，工人必须施加的力是否小于 1 千克。

⑥对于较重的工具，如电动工具，是否允许工人用双手支撑工具的重量。

正确选择手动工具：

①选择允许使用中性姿势和相对接近中性姿势的工具。

②使用带有专门设计的手柄的手持式动力工具。

③使用手柄尺寸和形状适合手的工具。

④使用具有内置特性的工具（如带弹簧的钳子），以尽量减少使用工具所需的力。

⑤操作重型工具时，确保它们能够用双手支撑工具的重量。

（4）良好的工作环境与布局。

人类工效学侧重于工作需求和工人能力之间的相互作用。其目标是实现工作和工人之间的互动，优化生产力，同时保持劳动力的安全和健康。良好的工作环境与布局可以降低肌肉骨骼疾患的患病风险。

通用工作站设计要求如下：

①工作站可调，使高或矮的人都能舒适地适应工作环境，材料伸手可及。

②将所有材料和工具放在工人面前，以减少不必要的运动。提供足够整个身体工作的空间。

③避免静态负荷、固定工作姿势以及工人必须经常或长期身体前倾或侧弯。可将肢体保持在弯曲或伸展的位置，将头部向前倾斜超过 15 度，或用一

条腿支撑身体的重量。

④对于涉及精细视觉细节的任务，将工作面设置为高于肘部高度；对于需要向下用力和繁重体力的任务，将工作面设置为低于肘部高度。

⑤提供可调节、设计合理的椅子，椅子应具有以下特点：可调节座椅高度；可上下调节靠背，包括腰部（下背部）支撑；在坐姿下不会压缩超过 2.5 厘米的填充物；始终稳定在地板上（5 条腿底座）。

⑥允许工人自由选择站姿，长时间站立时提供地板垫。

⑦支撑肢体，根据需要和可行性提供肘、腕、臂、脚和背部支撑。

⑧利用重力移动物料。

⑨工作站设计使手臂运动连续且弯曲，避免伸直手臂的运动。

⑩手臂运动以肘部为轴心，而非肩部为轴心，以避免肩部、颈部和上背部的压力。

⑪设计主要工作区，使手臂移动或伸展超过 38 厘米。

⑫提供简单的拨号盘和显示器。

⑬消除或尽量减少不良环境条件的影响，如过度噪声、热、潮湿、寒冷和照明不良。

2. 个体干预

（1）健康生活方式。

1992 年世界卫生组织在加拿大维多利亚召开的国际心脏健康会议上，发表了“维多利亚宣言”，宣言认为，现有的科学知识足以预防大多数心脑血管疾病。这座健康金桥有 4 大基石，分别是：合理膳食，适量运动，戒烟限酒，心理平衡。这 4 大基石构成了健康的生活方式，健康的生活方式可以使现代人的平均预期寿命延长 10 年。

①饮食。均衡、健康饮食是改善生活方式不可或缺的一部分，各种食物都要均衡搭配，如五谷杂粮、蔬菜瓜果、鱼禽肉蛋、奶类等。不能因为担心身体虚弱、营养不良而暴饮暴食增加胃肠负担。

②减重。超重或肥胖者通过健康饮食和增加体力活动的方式来减重对改善

工作相关疾病有益。肥胖可能使机体维持在炎症状态，减重后炎症会在一定程度上得到减轻，且减重后可减轻关节的负担从而减轻关节疼痛症状。

③适量饮酒。饮酒会增加风湿性关节炎和痛风发作以及诱发合并症的风险。建议适量饮酒，风湿病患者、痛风患者戒酒。

④戒烟。吸烟对所有肌肉骨骼疾患的症状、进展和并发症的发生均不利，且吸烟会影响抗风湿病药物的治疗作用。

（2）运动与锻炼。

适度运动对改善肌肉骨骼疾患结局及延缓疾病进展有益。锻炼要适合和方便在工间时间和下班后进行，尽量减少场地和器械要求，方便随时锻炼。所有动作锻炼均应在无痛前提下进行。如果在锻炼期间，不适感加重，应立即停止锻炼，并寻求医生帮助。

建议每周进行 150～300 分钟的中等强度有氧运动，如慢跑、游泳、瑜伽等；患有关节疾病的患者，可适当辅以每周 2～3 次的力量、柔韧和平衡运动，可以增加肌肉骨骼力量，防止肌肉萎缩，如手腕握力训练、选择重量较轻的哑铃等。

（3）自我管理。

自我管理模式起源于心理行为治疗领域，随后被引入慢性病患者的健康教育项目中。

自我管理是指通过患者的行为来保持和增进自身健康，监控和管理自身疾病的症状和征兆，减少疾病对自身社会功能、情感和人际关系的影响，并持之以恒地治疗自身疾病的一种健康行为。慢性病自我管理模式创始人、美国斯坦福大学患者教育研究中心 Lorig KR 教授指出，自我管理强调以患者自己关注的问题为导向，医患双方首先需要识别出患者最关心的健康问题和关键信息，然后采用自我管理技能去解决这些问题。自我管理模式目的不在于治愈疾病，而是通过自我管理措施进行有效干预，使患者的健康状况、健康功能维持在一个满意的状态，让患者过上更为独立和健康的生活。

自我管理是终生的任务，三大任务是所有慢性病人的共同任务：

①所患疾病的医疗和行为管理：如按时服药、加强锻炼、就诊、改变不良饮食习惯。

②角色管理：如维持日常角色，做家务、工作、社会交往。

③情绪的管理：如管理愤怒、对未来的担心、挫折感和偶尔的情绪低落。

制定自我管理干预措施的目的不仅是给患者提供信息，更重要的是促进其行为的改变，掌握自我管理技能是患者实现这一目标的关键。自我管理的核心技能包括以下 6 类：

①解决自身健康问题的能力。指在疾病管理的过程中，患者能够识别问题，在医生和家人、朋友的帮助下找到解决问题的办法，并评价该办法是否有效。

②知情决策能力。指同医生和卫生工作人员一起积极努力制定治疗策略。

③获取和利用资源的能力。指患者充分利用自身的、家庭的、社区的和各级医疗卫生保健机构的资源，为自我管理提供丰富的资料来源，包括从图书馆、网站等渠道寻求有利于自我管理的支持和帮助。

④与医疗服务提供者形成良好的合作关系。患者与医生、护士、自我管理指导者等进行良好的沟通和合作，共同讨论和管理疾病。

⑤行动计划能力。患者学习如何改变个体行为，制定行动的目标和计划并付诸实施。

⑥自我剪适能力。患者根据自身实际情况选择有效的自我管理方法和技能，并及时对自我管理措施进行评价和修订完善。

7 第七章 职业病危害防护措施

职业病危害防护措施是劳动技能的重要组成部分，是劳动者保护自身和他人免受职业病危害的基本能力。

一、职业病危害基本防护

1. 辨识工作中的常见职业病危害因素

（1）劳动者可通过以下几种途径辨识生产工艺中存在的职业病危害因素。

①签订劳动合同时了解接触的职业病危害因素。

《中华人民共和国职业病防治法》第三十三条：用人单位与劳动者订立劳动合同（含聘用合同，下同）时，应当将工作过程中可能产生的职业病危害及其后果、职业病防护措施和待遇等如实告知劳动者，并在劳动合同中写明，不得隐瞒或者欺骗。

劳动者在已订立劳动合同期间因工作岗位或者工作内容变更，从事与所订立劳动合同中未告知的存在职业病危害的作业时，用人单位应当依照前款规定，向劳动者履行如实告知的义务，并协商变更原劳动合同相关条款。

②职业卫生培训时辨识职业病危害因素。

用人单位应当对劳动者进行上岗前的职业卫生培训和在岗期间的定期职业卫生培训，普及职业卫生知识，结合劳动者实际工作情况，告知劳动者可能接触的职业病危害。

③通过工作场所职业病危害警示标识和告知卡辨识职业病危害因素。

劳动者可通过工作场所设置的职业病危害警示标识和告知卡辨识工作中存在的职业病危害因素。职业病危害警示标识和职业病危害告知卡分别如图7-1和图7-2。

图 7-1　职业病危害警示标识

有毒物品 对人体有害 请注意防护		
苯 Benzene	健康危害	理化特性
	可吸入、经口和皮肤进入人体，大剂量会致人死亡；高浓度会引起嗜睡、眩晕、头痛、心跳加快、震颤、意识障碍和昏迷等，经口还会引起恶心、胃肠刺激和痉挛等；长期接触会引起贫血、易出血、易感染，严重时会引起白血病。	不溶于水；遇热、明火易燃烧、爆炸。
当心中毒 	应急处理	
	应急中毒：立即脱离现场至空气新鲜处，换去被污染的衣物，用肥皂水或清水反复冲洗皮肤和头发。	
	注意防护	
	穿防护服　戴防护手套　带防毒面具　注意通风 	

图 7-2　职业病危害告知卡

④通过使用的原辅材料辨识职业病危害因素。

劳动者可通过工作过程中使用的化学品、放射性同位素等原辅材料的中文说明书辨识产品特性、主要成分、存在的职业病危害因素、可能产生的危害后果。

⑤通过人体感官发现异常情况下可能存在的职业病危害因素。

劳动者可通过触觉、嗅觉、听觉和视觉等途径发现异常情况的职业病危害因素，如刺激性气味等。

（2）劳动过程中的有害因素辨识。

①劳动组织和制度不合理、劳动作息制度不合理等。

②职业性精神（心理）紧张。

③劳动强度过大或生产定额不当，如安排的作业与劳动者生理状况不相适应等。

④个别器官或系统过度紧张，如视力紧张等。

⑤长时间不良体位或使用不合理的工具等。

（3）生产环境中的有害因素辨识。

①自然环境中的因素，如炎热季节的太阳辐射。

②厂房建筑或布局不合理，如采光照明不足，通风不良，有毒与无毒、高毒与低毒作业安排在同一车间内等。

③作业环境空气污染，如氨的添加过程中挥发出氨，处于附近的无毒生产岗位的工人可能会吸入氨。

在实际生产过程中，往往同时存在多种有害因素对劳动者的健康产生联合作用。

2. 熟知岗位职业卫生操作规程

职业管理部门组织职业卫生操作规程培训，劳动者认识到职业病危害因素的危害性和可预防性，树立认真执行职业卫生操作规程正确意识。操作规程主要包括：生产操作方法和要求；重点操作的复核；操作过程的职业病危害和防护要求；异常情况处理和报告；工艺卫生和环境卫生。

操作规程包括作业前、作业中和作业后 3 个环节，涵盖但不限于作业前准备、进入工作场所、作业启动及作业过程中防护、作业结束后清洁整理、离开作业场所等不同环节的要求。

开展专门的操作规程演练工作，确保劳动者熟练掌握职业卫生操作规程。

作业岗位职业病危害风险发生变化的，应基于最新的风险评价结果及时调整操作规程。

3. 认识职业病危害警示标识

警示标识包括图形标识、警示线、警示语句、告知卡等。根据《工作场所职业病危害警示标识》（GBZ 158-2003）的要求，警示标识可分为以下几类：

（1）图形标识。

图形标识分为禁止标识、警告标识、指令标识和提示标识，共 25 种。图形标识可与相应的警示语句配合使用。图形标识、警示语句和文字设置在工作场所入口处或工作场所的显著位置。

①禁止标识为禁止不安全行为的图形。禁止标识见图 7-3。

编号	禁止标识名称及符号	标识种类	设置范围和地点
1	禁止入内 	H	可能引起职业病危害的工作场所入口处或泄险区周边，如高毒物品作业场所，放射工作场所等；可能产生职业病危害的设备发生故障时；维护、检修存在有毒物品的生产装置时，根据现场实际情况设置。
2	禁止停留 	H	在特殊情况下，对劳动者具有直接危害的作业场所。
3	禁止启动 	J	可能引起职业病危害的设备暂停使用或维修时，如设备检修、更换零件等，设置在该设备附近。

图 7-3 禁止标识

②警告标识为提醒对周围环境需要注意，以避免可能发生危险的图形。警告标识见图 7-4。

编号	警告标识名称及符号	标识种类	设置范围和地点
4	当心中毒 	H.J	使用有毒物品的作业场所
5	当心腐蚀 	H.J	存在腐蚀物质的作业场所
6	当心感染 	H.J	存在生物性职业病危害因素的作业场所
7	当心弧光 	H.J	引起电光性眼炎的作业场所
8	当心电离辐射 	H.J	产生电离辐射危害的作业场所
9	注意防尘 	H.J	产生粉尘的作业场所
10	注意高温 	H.J	高温作业场所

续 表

编号	警告标识名称及符号	标识种类	设置范围和地点
11	当心有毒气体 	H.J	存在有毒气体的作业场所
12	噪声有害 	H.J	产生噪声的作业场所

图 7-4 警告标识

③指令标识为强制做出某种动作或采用防范措施的图形。指令标识见图7-5。

序号	指令标识名称及符号	标识种类	设置范围和地点
13	戴防护镜 	H.J	对眼睛有危害的作业场所
14	戴防毒面具 	H.J	可能产生职业中毒的作业场所
15	戴防尘口罩 	H.J	粉尘浓度超过国家标准的作业场所

续 表

序号	指令标识名称及符号	标识种类	设置范围和地点
16	戴护耳器 	H.J	噪声超过国家标准的作业场所
17	戴防护手套 	H.J	需对手部进行保护的作业场所
18	穿防护鞋 	H.J	需对脚部进行保护的作业场所
19	穿防护服 	H.J	具有放射、高温及其他需穿防护服的作业场所
20	注意通风 	H.J	存在有毒物品和粉尘等需要进行通风处理的作业场所

图 7-5　指令标识

④提示标识为提供相关安全信息的图形。提示标识见图 7-6。

编号	提示标识名称及符号	标识种类	设置范围和地点
21	左行紧急出口 	H.J	安全疏散的紧急出口处，通向紧急出口的通道处
22	右行紧急出口 	H.J	安全疏散的紧急出口处，通向紧急出口的通道处
23	直行紧急出口 	H.J	安全疏散的紧急出口处，通向紧急出口的通道处
24	急救点 	H.J	用人单位设立的紧急医学救助场所
25	救援电话 	H.J	救援电话附近

图 7–6　提示标识

⑤警示线是界定和分隔危险区域的标识线，分为红色、黄色和绿色 3 种，见图 7–7。按照需要警示线可喷涂在地面或制成色带设置。

警示线也是一种警示标识，根据不同的危害和控制要求设立不同的警示线。警示线设置在使用一般有毒物品作业场所、高毒物品作业场所和放射作业场所以及事故发生时不同的隔离带。在《使用有毒物品作业场所劳动保护条例》中规定使用有毒物品作业场所设置黄色警示线，在高毒物品作业场所特定岗位设置红色警示线。考虑到突发职业危害事故紧急救援问题，把事故现场设置临时警示线也纳入了管理范围。

编号	警示线名称及图形符号	设置范围和地点
26	红色警示线 	高毒物品作业场所、放射作业场所、紧邻事故危害源周边
27	黄色警示线 	一般有毒物品作业场所、紧邻事故危害区域的周边
28	绿色警示线 	事故现场救援区域的周边

图 7-7　警示线

（2）警示语句。

警示语句是一组表示禁止、警告、指令、提示或描述工作场所职业病危害的词语。GBZ 158-2003 中给出了基本警示语句，根据工作场所职业病危险的实际状况进行选用。警示语句见表 7-1。

4. 正确使用职业病防护设施

（1）化学毒物和粉尘职业病防护设施的使用。

检查生产过程中，化学毒物和粉尘的密闭性是防止化学毒物和粉尘从生产过程中散发、外逸的关键。生产过程的密闭包括设备本身的密闭以及投料、出料，物料运输、粉碎、包装等过程的密闭和毒物的不散逸，以及避免生产过程中的“跑、冒、滴、漏”现象。

使用隔离措施。把工人操作地点与生产设备尽量隔离开来，避免工人接触化学毒物和粉尘。

使用局部通风和全面通风等职业病防护设施。认真对配置的通风设施进行检查，开启通风设施并正常运转，有效降低化学毒物和粉尘的浓度。

使用化学毒物在线报警装置。检查化学毒物在线报警装置工作状态，确保化学毒物在线报警装置处于正常工作状态。

表 7-1 警示语句

编号	语句内容	编号	语句内容	编号	语句内容
1	禁止入内	20	注意通风	39	接触可引起伤害
2	禁止停留	21	左行紧急出口	40	皮肤接触可对健康产生危害
3	禁止启动	22	右行紧急出口	41	对健康有害
4	当心中毒	23	直行紧急出口	42	接触可引起伤害和死亡
5	当心腐蚀	24	急救站	43	麻醉作用
6	当心感染	25	救援电话	44	当心眼损伤
7	当心弧光	26	刺激眼睛	45	当心灼伤
8	当心辐射	27	遇湿具有刺激性	46	强氧化性
9	注意防尘	28	刺激性	47	当心中暑
10	注意高温	29	刺激皮肤	48	佩戴呼吸防护器
11	有毒气体	30	腐蚀性	49	戴防护面具
12	噪声有害	31	遇湿具有腐蚀性	50	戴防溅面具
13	戴防护镜	32	窒息性	51	佩戴射线防护用品
14	戴防毒面罩	33	剧毒	52	未经许可，不许入内
15	戴防尘口罩	34	高毒	53	不得靠近
16	戴护耳器	35	有毒	54	不得越过此线
17	戴防护手套	36	有毒有害	55	泄险区
18	穿防护鞋	37	遇湿分解放出有毒气体	56	不得触摸
19	穿防护服	38	当心有毒气体	—	—

开启喷淋降尘和湿式抑降等控尘设施，有效降低粉尘浓度。

开启除尘器等设备以达到有效除尘的目的。

（2）放射防护设施的使用。

检查安全联锁设施是否有效，确保其处于有效工作状态；检查辐射监测设施是否有效，确保其工作正常。

二、个体防护

1. 正确佩戴个人防护用品

作为保护劳动者健康的最后一道防线，正确佩戴个人防护用品是实现一切为了劳动者健康目标的重要举措。使用防护用品前，作业人员应仔细阅读使用说明书或接受适当的使用培训。

（1）耳塞。

硅胶耳塞的正确佩戴方法：

把手洗净，一只手从头后部绕过，将外耳向后上方提起，另一只手将耳塞缓慢地旋转塞入耳中，如图 7-8 所示。

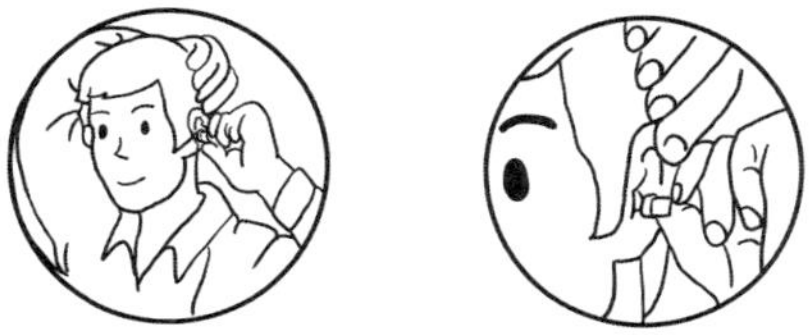

①　　　　②

图 7-8　硅胶耳塞佩戴图

发泡耳塞的正确佩戴方法：

把手洗净，将耳塞的圆头部分搓细；一只手从头后部绕过，将外耳向后上方提起，另一只手将捏细的耳塞圆头部分缓慢旋转塞入耳中，1/2 或 3/4 应塞入耳道；轻扶耳塞直至耳塞完全膨胀定型，如图 7-9 所示。

①　　　　②

图 7-9　发泡耳塞佩戴图

（2）耳罩。

佩戴前，检查罩壳有无裂纹和漏气现象。

佩戴时，注意罩壳的穿戴方法，顺着耳廓的形状戴好。

将连接弓架放在头顶适当位置，尽量使耳罩软垫圈与周围皮肤相互密合。

如不合适，应移动耳罩或弓架到合适位置。

（3）防护眼镜。

选择一副适合工作环境的护目镜。

简单运动头部，眼镜固定在同一位置，不滑落。

鼻梁与鼻子接触部位舒适、镜腿与耳朵接触部位舒适、压力适中、重量适中。佩戴一段时间后仍然舒适。

转动眼珠时，视野没有被镜框遮住。

（4）头戴式防尘口罩。

先将头带每隔 2 ~ 4 厘米拉松一次。

将口罩放置掌中，鼻位金属条朝指尖方向，头带自然垂下。

戴上口罩，使鼻位金属条部分向上，紧贴面部。

将口罩上端头带放于头后，下端头带拉过头部，置于颈后，调校至舒适位置。

将双手指尖沿着鼻梁金属条，由中间至两边，慢慢向内按压，直至紧贴鼻梁，如图 7-10 所示。

使用头戴式防尘口罩时，双手应尽量遮盖口罩并进行正压及负压测试。

正压测试方法：双手遮着口罩，大力呼气。如空气从口罩边缘逸出，即佩戴不当，须再次调校头带及鼻梁金属条。

负压测试方法：双手遮着口罩，大力吸气，口罩中央会陷下去。如有空气从口罩边缘进入，

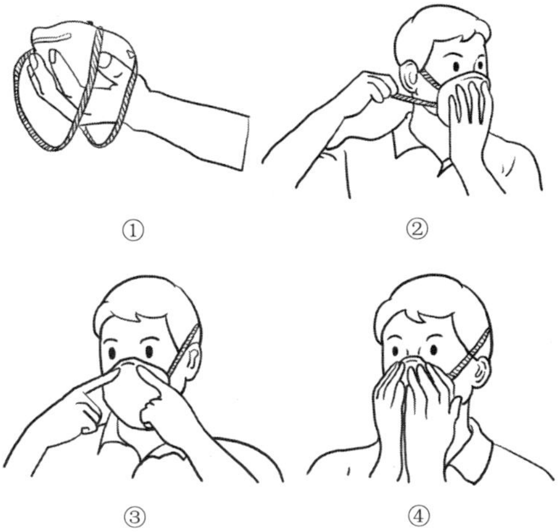

图 7-10　头戴式防尘口罩佩戴图

即佩戴不当，须再次调校头带及鼻梁金属条。

2. 了解职业健康检查项目

职业健康检查项目包括常规医学检查项目和特殊医学检查项目。常规医学检查项目是指作为一般健康检查和大多数职业病危害因素的健康检查都需要进行的检查项目。特定的职业病危害因素需要进行常规医学检查项目之外的其他医学检查。

职业健康检查项目有以下几类：

（1）一般医学生理指标的检测。

一般医学生理指标的检测主要包括血压、心率、呼吸频率、身高、体重测量和营养状况观测。

（2）内科常规检查。

内科常规检查如表 7-2 所示。

表 7-2　内科常规检查

皮肤黏膜检查	皮肤、口腔黏膜的颜色、有无金属沉着线、有无糜烂等，眼结膜有无充血，有无眼结膜黄疸
浅表淋巴结检查	头颈部和腋窝淋巴结是否有肿大、压痛及其活动度
甲状腺检查	大小及有无结节和包块，如有肿大还应检查有无血管杂音
呼吸系统检查	胸廓外形、胸部叩诊和听诊
心血管系统检查	心脏的大小、心尖搏动、心率、心律、各瓣膜区心音及杂音、心包摩擦音
消化系统检查	腹部外形、肠蠕动、肝脾大小和硬度

（3）神经系统常规检查。

神经系统常规检查主要包括意识、精神状况、腱反射、浅感觉、深感觉。

（4）其他专科的常规检查。

其他专科的常规检查如表 7-3 所示。

表 7-3 其他专科的常规检查

眼科常规检查	视力和外眼检查
口腔科常规检查	口腔气味、黏膜、牙龈及牙齿状态
耳科常规检查	外耳、鼓膜及一般听力检查
鼻及咽部常规检查	鼻的外形、鼻黏膜、鼻中隔、鼻窦部、咽部及扁桃体等
皮肤科常规检查	有无色素脱失或沉着，有无增厚、脱屑或皲裂，有无皮疹及其部位、形态、分布，有无出血点（斑），有无赘生物，有无水疱或大疱等

（5）实验室常规检查。

实验室常规检查如表 7-4 所示。

表 7-4 实验室常规检查

血常规	血红蛋白、红细胞计数、白细胞计数和分类、血小板计数（如使用血细胞分析仪，则包括同时检测的其他指标）
尿常规	颜色、酸碱度、比重、尿蛋白、尿糖和常规镜检（如使用尿液自动分析仪，则包括同时检测的其他指标）
肝功能	血清丙氨酸氨基转移酶、血清 γ－谷氨酰转肽酶、血清总胆红素、血清总蛋白和白球蛋白
胸部 X 线摄片	—
心电图	用普通心电图仪进行肢体导联和胸前导联的心电图描记
肺功能	用力肺活量、第一秒用力肺活量和用力肺活量一秒率
肾功能	血清肌酐、尿素氮

（6）特殊检查项目。

特殊检查项目依据接触职业危害因素种类确定，如从事铅作业的劳动者应查血铅、尿铅等。

3. 学会读懂个人职业健康检查结果报告

职业健康检查结果报告分为总结报告、个体结论报告和职业健康监护评价报告 3 种。

在职业健康检查个体结论报告中，每个受检对象的体检表，应由主检医师审阅后填写体检结论并签名。体检发现有疑似职业病、职业禁忌证、需要复查者和有其他疾病的劳动者要出具体检结论报告，包括受检者姓名、性别、接触有害因素名称、检查异常所见、本次体检结论和建议等。个体体检结论报告应一式两份，一份给劳动者或受检者指定的人员，一份给用人单位。

根据职业健康检查结果，对劳动者个体的体检结论可分为以下 5 种：

（1）目前未见异常。

本次职业健康检查各项检查指标均在正常范围内。

（2）复查。

检查时发现与目标疾病相关的单项或多项异常，需要复查确定者，应明确复查的内容和时间。

（3）疑似职业病。

检查发现疑似职业病或可能患有职业病，需要提交职业病诊断机构进一步明确诊断者。

（4）职业禁忌证。

检查发现有职业禁忌的患者，需写明具体的疾病名称。

（5）其他疾病或异常。

除目标疾病外的其他疾病或某些检查指标的异常。

三、应急处置

1. 职业病危害事故的报告

事故发生后，事故现场有关人员应当立即向本单位负责人报告，单位负责人接到报告后，应当于 1 小时内向事故发生地县级以上人民政府应急管理部门和负有应急管理职责的有关部门报告。情况紧急时，事故现场有关人员可以直接向事故发生地县级以上人民政府应急管理部门和负有应急管理职责的有关部门报告。报告事故信息，应当包括下列内容：

（1）事故发生单位的名称、地址、性质、产能等基本情况。

（2）事故发生的时间、地点以及事故现场情况。

（3）事故的简要经过（包括应急救援情况）。

（4）事故已经造成或者可能造成的伤亡人数（包括下落不明、涉险的人数）和初步估计的直接经济损失。

（5）已经采取的措施。

（6）其他应当报告的情况。

使用电话快报，应当包括下列内容：

（1）事故发生单位的名称、地址、性质。

（2）事故发生的时间、地点。

（3）事故已经造成或者可能造成的伤亡人数（包括下落不明、涉险的人数）。

2. 常见职业中毒的应急处置方法

发生急性职业中毒时，现场急救包括：

（1）脱离中毒环境。

立即将患者移至上风向或空气新鲜的场所，注意保持呼吸道通畅。如果患者衣服、皮肤被毒物污染，应立即脱去被污染的衣物，并用清水彻底冲洗皮肤（冬天宜用温水）；如果被酸、碱性物质污染，应立即使用中和剂；如果被遇水可发生化学反应的物质污染，应先用干布抹去污染物，再用清水冲洗。现场救治时，应注意对心、肺、脑、眼等重要脏器的保护。对重症患者，应注意其意识状态、瞳孔、呼吸、脉搏、血压的变化；如果发现呼吸障碍时，应及时对症处理。对严重中毒需转送医院者，应根据症状采取相应的转院前救治措施。

（2）阻止毒物继续吸收。

患者到达医院后，如果发现现场紧急清洗不够彻底，应进一步清洗。对气体或蒸气吸入中毒者，可给予吸氧；经口中毒者，应立即催吐，洗胃或导泻；应尽早使用解毒排毒药物，解除或减轻毒物对机体的损害。必要时，可用透析疗法或换血疗法清除体内的毒物。

（3）对症治疗。

由于针对病因的特效解毒剂种类有限，因而对症治疗在职业中毒的救治中极为重要，主要目的在于保护体内重要器官的功能，缓解病痛，促使患者早日康复，有时可挽救患者的生命。

3. 正压式空气呼吸器的佩戴

正压式空气呼吸器是一种自给开放式空气呼吸器，主要适用于消防、化工、船舶、石油、冶炼、厂矿等行业。它使抢险救护人员或消防人员能够在充满浓烟、毒气、蒸气或缺氧的恶劣环境下，安全地进行抢险救灾、灭火和救护工作。正压式空气呼吸器是使用压缩空气的带气源的呼吸器，它依靠使用者背负的气瓶供给空气。气瓶中高压压缩空气被高压减压阀降为中压，通过供气阀进入呼吸面罩，并保持一个可自由呼吸的压力，无论呼吸速度如何，通过供气阀的空气在面罩内始终保持轻微的正压，阻止外部空气进入。

正压式空气呼吸器是一种隔绝式呼吸防护器具，具有自主的呼吸系统，可以不受外界环境的影响为人体提供洁净的空气。其优点包括：重量轻、适用范围广、气源经济方便、呼吸阻力小、操作使用和维护保养简便。适用于缺氧环境、有毒有害的粉尘环境、火灾时的浓烟环境、有毒气体环境、不明气体环境等。

（1）结构。

正压式空气呼吸器由气瓶总成、减压器总成、供气阀总成、背托总成、面罩总成 5 大部分组成。

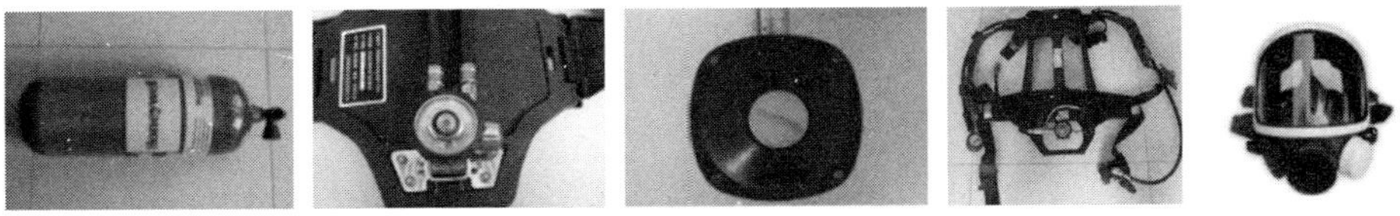

①气瓶总成　②减压器总成　③供气阀总成　④背托总成　⑤面罩总成

图 7-11　正压式空气呼吸器

（2）佩戴操作。

①准备工作。劳动保护用品穿戴齐全，包括正压式空气呼吸器、安全帽、

手套。

②检查。检查即空气呼吸器及压力检查。检查镜面清晰无划痕、束带完好、颈带完好、内面罩完好、接口完好、肩带完好、腰带完好、背架完好，镜面朝上放置；检查气瓶与背架连接手轮旋紧；检查气瓶与背架固定带连接紧固；检查气瓶瓶体完好无裂纹；检查中高压输气管完好；检查气瓶压力，口述气压值；判断压力是否合格（24~30 兆帕区间为合格，不合格按实际压力报）；检查气密性（30 秒内压降不超过 1 兆帕）；检查报警器（报警值 5±0.5 兆帕）。

③佩戴。将空气呼吸器主体背起，扣好腰带，依次拉紧肩带腰带；佩戴面罩，先挂颈带，由下颚至头顶依次拉紧面罩束带；佩戴安全帽，安全帽带应置于下颚，松紧不大于两指；检查面罩密封性（用手堵住供气口测试面罩气密性）；全开气瓶阀手轮；压供式减压器与面罩连接（先检查供气阀有无气流再进行连接）。

④拆卸。撤离到安全区域，拔开快速插头；由头顶至下颚松卡扣后，取下面罩；关气瓶阀，放净供气管路中的余气；脱下空气呼吸器放回原位。

⑤填写工作记录。填写《正压式空气呼吸器检查记录》。

（3）注意事项。

①使用人员必须接受过呼吸防护设备的操作培训。

②不要单独作业（至少 2 人一组）。

③在进入危险区域前，必须确认气瓶压力达到额定压力的 80%。

④高压空气不能直接作用于身体的任何部位。

⑤使用前必须检查面罩的气密性。

⑥使用过程中经常观察气压表，确保能及时返回。

⑦应尽量避免人为的损坏，尤其是瓶阀的关闭不要用力过猛，以免造成瓶阀阀芯的变形损坏，使下一个使用者无法打开瓶阀影响正常操作与使用及设备的使用寿命。

⑧呼吸保护装置必须有专人进行管理，专人负责保养和维护。

⑨仔细阅读产品使用说明书中的维护周期和检查操作说明。

⑩呼吸防护设备定期检验，并做好检验后的登记工作。

⑪将空气呼吸器存放在干燥低温的环境中，避免阳光直射，用后气瓶及时充气，装箱以备下次使用。

4. 心肺复苏术

心肺复苏术指当呼吸终止及心跳停顿时，合并使用人工呼吸及心外按压来进行急救的一种技术，它是为患者争取生命机会的重要措施。心肺复苏的目的是开放气道、重建呼吸和循环。心肺复苏适用于因溺水、运动、触电、车祸、先天心脏病等引起的心搏骤停，心搏骤停一旦发生，如得不到及时的抢救复苏，4～6 分钟后会造成患者脑和其他人体重要器官组织的不可逆的损害，因此心搏骤停后的心肺复苏必须在现场立即进行。心肺复苏术分为 4 个实施步骤：

（1）评估和现场安全。如果发现有人突然倒地昏迷，首先在确认现场安全后，应轻拍其肩膀，并大声呼喊其姓名或询问状况。如果对方已丧失意识，应大声呼救引起周围人注意，并要求周围救援者或他人拨打急救电话 120，同时，对其进行心肺复苏。当前主流的心肺复苏实施步骤是 C-A-B，即首先胸

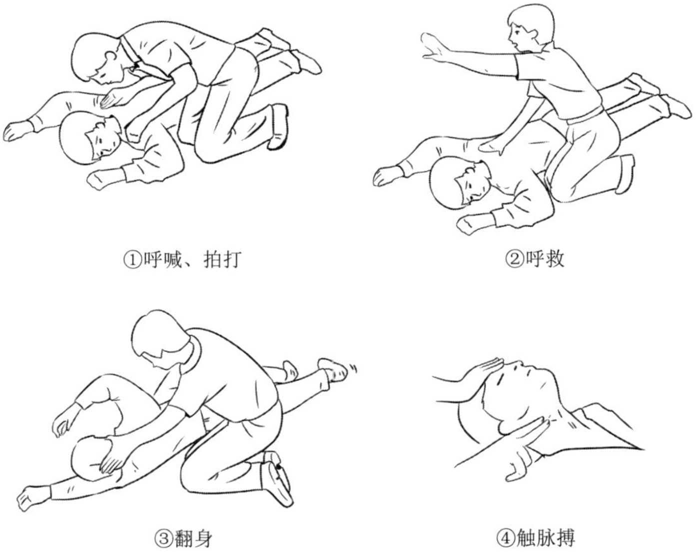

①呼喊、拍打　②呼救

③翻身　④触脉搏

图 7-12　心肺复苏术

外按压（compressions，C），其次开放气道（airway，A），最后进行人工呼吸（breathing，B）。

（2）胸外按压（compressions，C）。施救者先要找到按压的部位：将伤者仰卧于坚实的平面上，用右手食指与中指沿着肋骨边缘滑至胸骨下端的剑突位置，以剑突为点向上在胸骨上定出两横指的位置，也就是胸骨的中下 1/3 交界线处，这里就是按压点。针对按压点，有个更简易的判断方法，即人体两乳头之间的胸骨上，若伤者是男性，这个位置相对容易估计；若是女性，可选择文胸中间连接处。

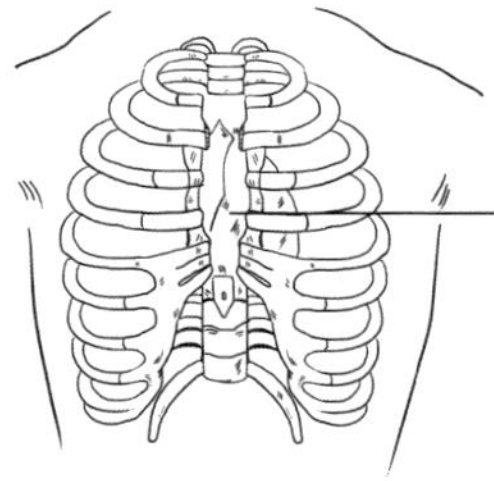

图 7-13　胸外按压部位

正确的按压姿势为施救者以一手叠放于另一手手背，双手掌根重叠，十指相扣。下方的手指翘起，不能触及胸壁。将手掌根部置于按压点，依靠上半身的力量垂直向下压，胸骨的下陷距离为 4～5 厘米，双臂与胸骨水平垂直，不能弯曲，压下后迅速抬起。胸外按压的意义高于其他操作，通过人为的按压可以维持血液循环，保证脑、心等重要脏器的血液供应。

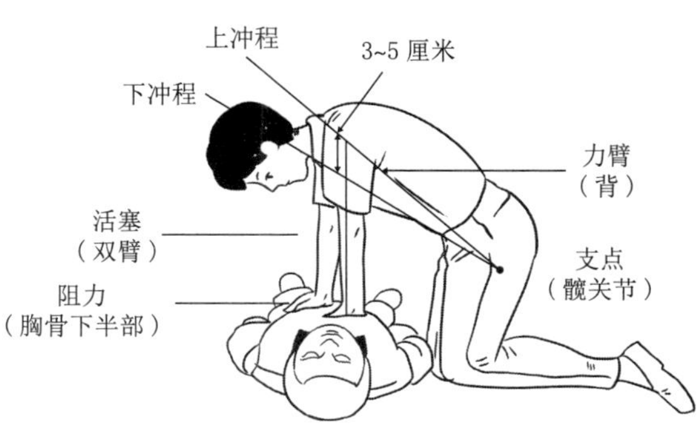

图 7-14　胸外按压

除了手的姿势正确、按压力量正确外，如果没有速度，也是无效的。正确的频率是，1 秒钟 2 次按压。在按压的时候，心里默念“1”“2”“3”……默念一个数，差不多就是 0.5 秒的时间。同时，国际心肺复苏指南更强调持续有效胸外按压，快速有力，尽量不间断，因为过多中断按压，会使冠脉和脑血流中断，复苏成功率明显降低。

（3）开放气道（airway，A）。将患者置于平躺的仰卧位，患者常常会因舌后坠而造成气道堵塞，这时救援者应位于患者右侧，将左手掌根轻压于患者额头，并用右手食指与中指将患者的下巴轻轻抬起。查看患者是否还有呼吸或呼吸是否顺畅。

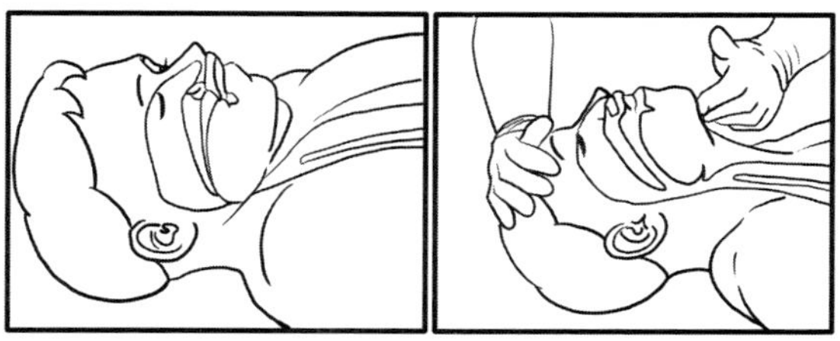

①　②

图 7–15　开放气道

（4）人工呼吸（breathing，B）。托住伤者颈部并使头后仰，用手指清洁其口腔，以解除气道异物，施救者以左手拇指和食指捏紧患者的鼻孔，同时右手依然保持抬下巴动作。用自己的双唇完全包住患者口部，然后吹气 1 秒，使胸廓扩张；吹入气体后，施救者松开捏鼻孔的手，让患者的胸廓及肺依靠其弹性自主回缩呼气，同时均匀吸气，再重复以上步骤一次。进行胸外按压与人

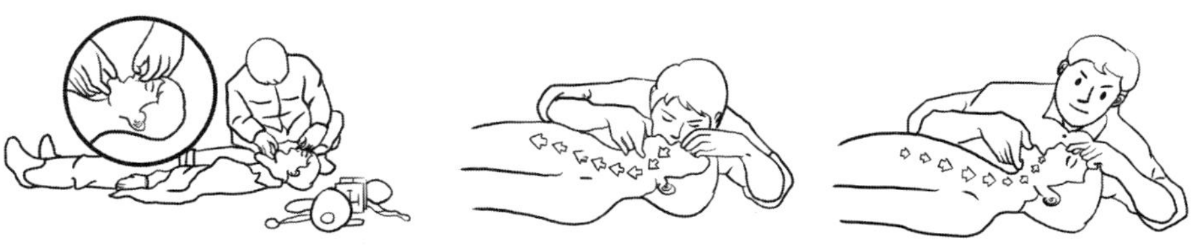

①捏鼻张嘴　②贴紧吹气　③放松呼吸

图 7–16　人工呼吸

工呼吸操作的正确比率为 30∶2（儿童可以选择 15∶2），即进行 30 次胸外按压，2 次人工呼吸为 1 个心肺复苏循环周期，5 个循环（约 2 分钟）后可以检查和评估心肺复苏效果。如果无效，应反复进行胸外按压与人工呼吸操作，直到急救车和医务人员到达现场。

延伸阅读

心肺复苏的有效指标

颈动脉搏动：心肺复苏有效时，每按压一次可触摸到颈动脉一次搏动，若中止按压，搏动消失，则应继续进行胸外按压，如果停止按压后脉搏仍然存在，说明病人心搏已恢复。

面色（口唇）：心肺复苏有效时，面色由紫绀转为红润，若变为灰白，则说明复苏无效。

其他：心肺复苏有效时，可出现自主呼吸，或瞳孔由大变小并有对光反射，甚至有眼球活动及四肢抽动。

符合以下 3 种情况，可以终止心肺复苏：

（1）患者呼吸和循环已有效恢复。

（2）无心搏和自主呼吸，心肺复苏在常温下持续 30 分钟以上，急救人员到场确定患者已死亡。

（3）有急救人员接手承担心肺复苏或其他人员接替抢救。

黄金抢救 4 分钟

黄金抢救 4 分钟是指伤病员发生意识丧失，呼吸、心跳骤停后的 4 分钟。医学研究表明，如果心跳和呼吸骤停，脑细胞在常温下对缺氧的耐受极限通常为 4 分钟；4~6 分钟，脑部损伤不可逆转；超过 8 分钟，抢救成功的可能性非常小；而超过 15 分钟，基本上就“没救”了。因此，心跳和呼吸骤停后短短的 4 分钟被称为黄金抢救 4 分钟。

5. 骨折与外伤的急救

骨折是指骨结构的连续性完全或部分断裂，多见于儿童及老年人，中青年人也时有发生。患者常为一个部位骨折，少数为多发性骨折。经及时恰当处理，多数患者能恢复原来的功能，少数患者可遗留有不同程度的后遗症。由于骨骼的特殊构造与人体活动的关系，某些部位受伤易导致骨折，如前臂骨折，腕关节可能就难以屈伸活动，手的握力差，甚至不敢提东西；下肢骨折后站立不起，更难以行走等，这些都是骨折的典型表现。发生骨折时有以下特殊体征：

（1）畸形。大多数骨折伴有不同程度的移位，引起肢体或躯干外形改变而产生畸形。

（2）骨擦音。骨折端相互触碰或摩擦而产生的声音。

（3）异常活动。骨折无嵌插的完全骨折，在移动伤肢或摇摆伤肢远端时，骨折处出现异常的活动，又称假关节活动。

并不是所有的骨折一定会出现这 3 种体征，如无移位的骨折无畸形，嵌入骨折无骨擦音及异常活动。

发生骨折时，首先应抢救患者生命。大部分骨折生命体征稳定，不危及生命，但对于严重创伤骨折现场急救的首要原则是抢救生命。如果发现患者心跳、呼吸已经停止或濒于停止，应立即进行胸外心脏按压和人工呼吸。昏迷患者应保持其呼吸道通畅，及时清除其口咽部异物。开放性骨折患者伤口处若大量出血，一般可用敷料加压包扎止血。严重出血者可使用止血带止血，一定要记录开始使用止血带的时间，止血带缚扎的时间不能超过 1 小时，在接近 1 小时即放开 2 分钟左右，以防肢体缺血坏死。

现场伤口救治。开放性骨折伤口的处理除应及时恰当地止血外，还应立即用消毒纱布或干净布包扎伤口，以防伤口继续被污染。伤口深处有较大异物时，如果不能判断其深度和是否有大血管损伤时，不能立即取出异物，应送到医院后由医生处理。伤口周围有松动的异物，且无明显出血时可用消毒纱布轻拭擦去。拭擦异物的方向应由创面向外周移动，否则会加重污染或加重创伤。

四肢骨折简单固定（肢体救治）。现场急救时正确、及时地固定患肢，可减少患者的疼痛及二次损伤，同时也便于患者的搬运和转送。力求简单而有效，不要求对骨折准确复位。急救现场可就地取材，如木棍、板条、树枝、手杖或硬纸板等都可作为固定器材，其长短以固定住骨折处上下两个关节为准。如果找不到固定的硬物，也可用布带直接将伤肢绑在身上，骨折的上肢可固定在胸壁上，使前臂悬于胸前；骨折的下肢可同健肢固定在一起。

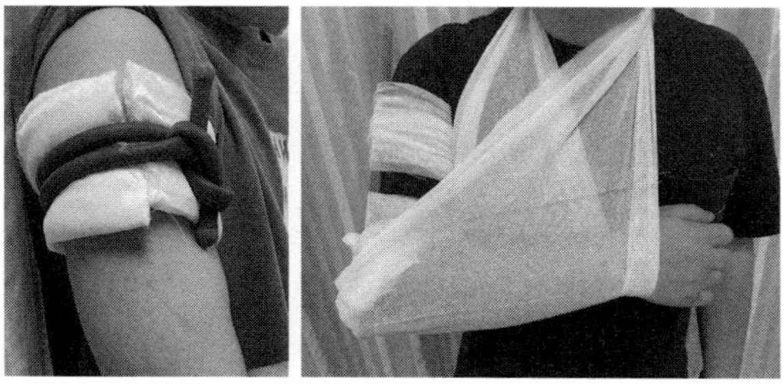

图 7–17　伤口包扎和肢体固定

尽管骨折现场急救情况复杂多样，但施救离不开“三救”：救生命、救伤口（伤口止血包扎）、救肢体（肢体固定）。在施救时应注意骨折救治现场“三不”：不复位（因为盲目复位极易造成二次损伤，或污染的骨折端进入体内造成深部感染）、不抹药（建议没有医学经验或没有经过急救培训的人，最好不要给患者涂抹药粉，尤其是涂抹香灰、烟丝等物品，避免给后续治疗增加难度）、不冲洗（因为冲洗易将污染物带入身体深部、关节腔内、骨髓，造成伤口感染，引发骨髓炎、化脓性关节炎等）。对于非专业人员，碰到把握不准的情况，不建议擅自处理，应及时拨打急救电话并在原地等待。

延伸阅读

外伤后急救处理步骤

（1）止血。最常用的是加压包扎止血术，适用于各种伤口。先用无菌纱布覆盖压迫伤口，再用三角巾或绷带用力包扎，在没有无菌纱布时可以使用消毒卫生巾等替代；指压动脉止血法适用于头部和四肢某些部位的大出血，用手指压迫伤口近心端动脉，将动脉压向深部的骨头，阻断血液流通；填塞止血法适于颈部和臀部等处较大而深的伤口，先用镊子夹住无菌纱布塞入伤口内，如果一块纱布止不住血，可再加纱布，包扎固定；止血带止血法只适用于四肢大血管损伤时，其他止血方法不能止血时采用，可以用橡皮条和橡皮带，但是止血带时间不可过长，避免患肢缺血坏死。

（2）包扎。包扎时动作应轻巧，接触伤口面的敷料必须保持无菌，包扎要快且牢靠，松紧度适宜，打结避开伤口和不宜压迫的部位，包扎材料选择三角巾和绷带。

（3）固定。能有效地防止因骨折断端移动损伤血管、神经等组织造成的严重继发损伤。即使离医院再近，也应该先固定再运送。固定时动作要轻巧且牢靠，松紧要适度，皮肤与夹板之间要垫适量的软物。固定材料选择木制夹板，紧急时可就地取用木棍、树枝等。

（4）搬运。徒手搬运不需要任何器材，在狭小地方往往只能用此方法。单人可以背法搬运和抱法搬运，多人可平托法搬运，适用于脊柱伤患者。对于脊柱伤患者，一定要保持平卧位，应该由多人平托法搬运，同时抬起、同时放下。

6. 中暑的急救

中暑是高温环境下由于热平衡和（或）水盐代谢紊乱等而引起的一种以中枢神经系统和（或）心血管系统障碍为主要表现的急性热致疾病。环境温度过高、湿度大、风速小、劳动强度过大、劳动时间过长是中暑的主要致病因素。中暑患者一般会出现体温上升、心跳加速、大量出汗、脸色苍白、虚脱、肌肉松软、头痛、头晕、胸闷、恶心、呕吐、皮肤或肌肉疼痛等症状，严重者会抽搐、昏厥，甚至意识丧失。

中暑的正确处理方法包括：

（1）迅速远离高温环境，将中暑者扶到附近阴凉通风处躺下，有条件可移到空调房间。解开其衣服，同时使其双脚抬高，这样有利于增加中暑者脑部的血液供应，同时也起到散热的作用。

（2）及时补充水分，如果中暑者意识清醒，可让其饮用一些淡盐水。但补充水分不宜过多，不然会引起腹痛、呕吐和恶心等不适症状。不宜饮用咖啡或酒精类饮料。已经昏迷者，不要强行喂水，以免引起气道梗阻或呕吐窒息。

（3）迅速降温，在腋窝、头部、腹股沟大动脉明显处用冰袋或冰块进行局部降温，还可用医用酒精、温水反复擦拭全身，然后用扇子或电风扇吹风，以加速身体散热，但要适度。也可对中暑者进行皮肤肌肉按摩，加速血液循环，以促进散热。当中暑者体温降至 38 摄氏度以下时，就要停止吹风、洒冷水等强制性降温方法。

延伸阅读

中暑后的急救误区

误区一：掐人中。中暑的根本原因是人体产热和散热功能严重失调，因此首先要降温、脱离热源。掐人中仅仅能起到刺激疼痛的作用，不能用来急救。尤其对于昏迷患者，掐人中时可能因为疼痛刺激而引起误吸窒息，反而存在病情加重的潜在风险。

误区二：猛喝凉水。中暑后需要合理补水，但不可大量喝凉水。大量出汗伴有电解质流失，如果只是大量喝凉水，会导致人体出现稀释性低钠、氯血症，即俗称的“水中毒”。此时喝水要少量、多次，适当加些食盐，会有更好的效果。

误区三：藿香正气水。很多人认为藿香正气水是治疗中暑的“神药”，其实这是片面的。不推荐在中暑后使用藿香正气水的主要原因有两个：一是，藿香正气水主要应用于解表化湿、理气和中，用于内伤湿滞或夏伤暑湿所致的“阴暑”，与现代医学的中暑（热射病）不同；二是，藿香正气水的乙醇含量为 40%～50%，服用后可能引起脱水，中暑损伤会更严重。

误区四：服退热药。中暑发热的机制与细菌或病毒感染引起的发热不同。中暑导致的发热是因为人体的散热中枢受阻，造成的热量在体内积聚，不能通过出汗来散发热量。而退热药主要通过让身体发汗来达到降温目的，中暑后身体本来就缺水，再服用退热药迫汗外出则导致身体更加缺水，适得其反。对于中暑后的高热，一般情况下应首先选择传统物理方法，效果显著且安全。

8 第八章 职工的职业健康权益和义务

劳动安全卫生是劳动关系的重要组成部分，也是关系经济发展和社会稳定的重大问题。职业健康事关劳动者的生命健康，无疑是劳动者最为关注的基本权利，也是国家与社会必须高度重视的社会保障内容。同时，为了维护自身安全健康，劳动者也要承担相应义务。

一、依法享有的职业卫生保护权利

《中华人民共和国职业病防治法》规定，在职业活动中，劳动者依法享有职业卫生保护的权利，同时有与用人单位共同防治职业病的义务。

1. 劳动者的权利

《中华人民共和国宪法》《中华人民共和国劳动法》《中华人民共和国劳动合同法》《中华人民共和国职业病防治法》等法律都规定了劳动者的权利和义务，综合各法的相关规定，劳动者享有下列职业卫生保护权利：

（1）获得职业卫生教育、培训。

上岗前和在岗期间，劳动者有参加企业和各有关方面组织的劳动安全卫生教育培训的权利和义务，应当学习和掌握相关职业卫生知识，做到遵守职业病防治法律、法规、规章和操作规程，正确使用、维护职业病防护设备和个人使用的职业病防护用品，发现职业病危害事故隐患应当及时报告。劳动者不履行参加职业卫生教育培训义务的，企业应当对其进行教育和给予纪律约束。

（2）获得职业健康检查、职业病诊疗、康复治疗等职业病防治服务。

①职业健康体检。

依照法律规定，企业在安排劳动者从事接触职业病危害岗位作业之前要组织其进行上岗前职业健康体检，以发现劳动者是否已受到职业伤害或者有职业禁忌。体检费用由企业承担并将检查结果如实告知劳动者。企业不得安排未经上岗前职业健康检查的劳动者从事接触职业病危害的作业，不得安排有职业禁忌的劳动者从事其所禁忌的作业。

企业要依法组织从事接触职业病危害岗位作业的劳动者，按照所接触职业病危害因素种类不同要求的体检周期进行在岗期间职业健康体检，以检查劳动者健康状况和是否受到职业伤害。企业承担体检费用并将检查结果如实告知劳动者。企业对在职业健康检查中发现受到与职业相关因素健康损害的劳动者，应当调离原工作岗位，安排其他适宜的工作，不得因此解除或者终止劳动合同。

当劳动者离开企业或者调离职业病危害岗位时，企业要组织离岗劳动者进行职业健康检查，以确定其健康状况和是否受到职业伤害。企业应承担体检费用并将检查结果如实告知劳动者。对于检出受到职业病危害的、在本企业患职业病并被确认丧失或者部分丧失劳动能力的和未进行离岗时职业健康检查的劳动者，企业不得解除或者终止劳动合同。

劳动者有权索取本人职业健康监护档案复印件，用人单位应当如实、无偿提供，并在所提供的复印件上盖章。

②职业病诊疗和康复治疗等服务。

依照《中华人民共和国职业病防治法》规定，劳动者可以在用人单位所在地或者本人居住地，经省级以上人民政府卫生行政部门批准的医疗卫生机构进行职业病诊断。

（3）了解工作场所产生或者可能产生的职业病危害因素、危害后果和应当采取的职业病防护措施。

劳动者在签订劳动合同时，有权了解工作场所产生或者可能产生的职业病危害因素、危害后果和应当采取的职业病防护措施，并在劳动合同中写明；用人单位应定期检测并公布工作场所存在的职业病危害因素；用人单位应提供上岗前、在岗期间和离岗时的职业健康检查结果；医疗卫生机构发现疑似职业病患者时，应告知劳动者本人。

（4）要求用人单位提供符合防治职业病要求的职业病防护设施和个人使用的职业病防护用品，改善工作条件。

《中华人民共和国职业病防治法》明确规定，用人单位必须采用有效的职业病防护设施，并为劳动者提供个人使用的职业病防护用品。劳动者有权要求用人单位依据法律法规配备职业病防护设施和个人防护用品。

（5）对违反职业病防治法律、法规以及危及生命健康的行为提出批评、检举和控告。

为了维护劳动者的合法权益，劳动者有权对违反法律、法规、标准、规范和危及劳动者安全健康的行为提出批评、检举和控告。企业不得因此对劳动者进行打击报复。

（6）拒绝违章指挥和强令进行没有职业病防护措施的作业。

劳动者有权拒绝在没有职业病防护措施下从事存在职业病危害的作业；有权拒绝违章指挥和强令冒险作业。用人单位与劳动者签订合同时，没有将可能产生的职业病危害及其后果等告知劳动者，劳动者有权拒绝从事存在职业病危害的作业，用人单位不得因此解除或者终止与劳动者所订立的劳动合同。

（7）参与用人单位职业卫生工作的民主管理，对职业病防治工作提出意见和建议。

劳动者依照法律规定，通过职工大会、职工代表大会或者其他形式参与民主管理、实行民主监督或者就保护劳动者合法权益与企业进行平等协商。用人单位应当保障劳动者行使上述所列权利。因劳动者依法行使正当权利而降低其工资、福利等待遇或者解除、终止与其订立的劳动合同的，其行为无效。

2. 保障措施（劳动保障制度）

劳动保障制度是劳动制度的一个重要组成部分，是国家根据有关法律规定，通过国民收入分配和再分配的形式，对劳动者因年老、疾病、伤残和失业等而出现困难时向其提供物质帮助以保障其基本生活的一系列制度。其主要功能是保证劳动者的职业安全，从而保证劳动者及其家庭生活稳定，社会安定，保证整个社会经济发展和社会进步。职工的生育保障、疾病保障、失业保障、伤残保障、退休保障、死亡保障等都是劳动保障制度的内容，其中失业保障制度和退休保障制度是劳动保障制度中最主要的两项制度。

失业保障制度，是当劳动者一旦失去工作之后仍能获得基本的物质帮助的一项制度。失业保障制度的建立有助于劳动者维持基本生活，从而保护劳动力资源的生产和再生产；同时，它也可以起到缩小收入差距，保证和维护社会安定的作用。失业保障制度有 3 个最主要的特征：一是普遍性。它是为保障有工资收入的劳动者失业后的基本生活而建立的。二是强制性。制度范围内的单位及其职工必须按照法律法规参加失业保险，并履行缴费义务。三是互济性。收缴的失业保障金在统筹地区统一安排使用。享受失业保障待遇必须符合以下 3 个条件：一是按照规定参加失业保险。所在单位和本人已按照规定履行缴费义务满 1 年。二是非本人意愿中断就业。三是已办理失业登记并有求职要求。当失业人员出现重新就业、服兵役、移居境外、享受基本养老保险待遇、被判刑或劳教、拒绝重新就业时，将停止享受失业保险待遇。

退休保障制度，既是劳动保障制度的重要组成部分，也是社会保障制度的基本内容。当今实行退休保障制度的国家，从退休保障基金的筹措方式来看，大致可以分为 3 种类型，即投保资助型退休保障制度、强制储蓄型退休保障制度和统筹型退休保障制度。我国实行的退休保障制度基本属统筹型，该退休保障制度的基本特征是国家（也通过国有企业）利用自己的财政资金发放退休金，劳动者个人只需缴纳很少的退休保障费，甚至不缴，待劳动者退休或失去劳动能力后则一概享有国家法定的保障待遇。

延伸阅读

生育保险和工伤保险制度

生育保险是社会保障制度体系中的重要组成部分，是对职工因怀孕、生育或实施计划生育手术导致劳动暂时中断给予必要经济补偿和医疗保障的一项社会保险制度，体现了国家对育龄人群（尤其是育龄妇女）合法权益的保护，由法律法规明确其保障范围和标准。生育保险费用实行社会统筹，各类用人单位应按规定为其单位职工参加生育保险，包括男职工，职工个人不缴纳生育保险费。生育保险不能以个人身份参保。生育保险待遇包括生育医疗费用和生育津贴。

工伤保险是指劳动者在工作中或在规定的特殊情况下，遭受意外伤害或患职业病导致暂时或永久丧失劳动能力以及死亡时，劳动者或其遗属从国家和社会获得物质帮助的一种社会保险制度。《中华人民共和国职业病防治法》第七条规定，用人单位必须依法参加工伤保险。国务院和县级以上地方人民政府劳动保障行政部门应当加强对工伤保险的监督管理，确保劳动者依法享受工伤保险待遇。

3. 投诉与举报途径（职工维权的途径）

劳动者与用人单位之间易出现劳动争议问题，如用人单位不与劳动者签订劳动合同，或者劳动合同上未写明相应的职业危害。从事有职业病危害因素的作业时，用人单位未安排上岗前、在岗、离岗的劳动者进行职业健康检查，未分发相应的个人防护用品等职业健康相关的纠纷时，劳动者可以通过以下 6 种途径维护自己的权益。

（1）协商。劳动争议发生后，劳动者可直接向用人单位反映，要求用人单位给予合理合法的解决。如果对用人单位的答复和处理方式不满意，再采取其他方式。这是最简单直接的方法，也是劳动者维权的第一步。

（2）调解。如自行协商无果，劳动者可以要求单位内部的劳动争议调解委员会（在单位内部设立，由职工代表、用人单位代表和工会代表共同组成）出面调解。如果所在单位没有设立该组织，也可要求工会组织出面协调。《中华人民共和国工会法》第六条规定，维护职工合法权益、竭诚服务职工群众是工会的基本职责。工会在维护全国人民总体利益的同时，代表和维护职工的合法权益。劳动者也可向依法设立的基层人民调解组织和在乡镇、街道设立的具有劳动争议调解职能的组织申请调解。

（3）向劳动行政监察部门举报或投诉。劳动者发现自己的劳动权益受到侵害时，可向劳动行政部门下设的劳动监察大队投诉反映，要求查处用人单位的违法行为，维护自己的权益。《中华人民共和国劳动法》第八十五条规定，县级以上各级人民政府劳动行政部门依法对用人单位遵守劳动法律、法规的情况进行监督检查，对违反劳动法律、法规的行为有权制止，并责令改正。

（4）向劳动争议仲裁委员会申请仲裁。在我国，劳动仲裁是劳动争议当事人向人民法院提起诉讼的必经程序。按照《中华人民共和国劳动争议调解仲裁法》规定，提起劳动仲裁的一方应在劳动争议发生之日起一年内向劳动争议仲裁委员会提出书面申请。除非当事人是因不可抗力或有其他正当理由，否则超过法律规定的申请仲裁时效的，仲裁委员会不予受理。

劳动争议仲裁委员会受理的劳动争议范围包括：因确认劳动关系发生的争议；因订立、履行、变更、解除和终止劳动合同发生的争议；因除名、辞退、辞职、离职发生的争议；因工作时间、休息休假、社会保险、福利、培训以及劳动保护发生的争议；因劳动报酬、工伤医疗费、经济补偿或者赔偿金等发生的争议；法律、法规规定的其他劳动争议。以上劳动争议，无论是用人单位还是劳动者，都可以向劳动争议仲裁委员会申请仲裁。

（5）向人民法院起诉。《中华人民共和国劳动争议调解仲裁法》规定：劳动者对仲裁裁决不服的，可以自收到仲裁裁决书之日起 15 日内向人民法院提起诉讼。期满不起诉的，裁决书发生法律效力。未经劳动争议仲裁委员会仲裁的劳动争议案件，法院不予受理。

（6）信访。劳动者在劳动权益受到侵害时，还可以通过信访的方式，向各级工会、政府信访部门反映。

快问快答

问题：与用人单位发生劳动争议时，维权途径有哪些？

答案：协商、调解、向劳动行政监察部门举报或投诉、向劳动仲裁委申请仲裁、向人民法院起诉、信访。

二、依法签订书面劳动合同

依法签订书面劳动合同可以强化用人单位和劳动者双方的守法意识。以劳动合同的形式明确劳动者与用人单位双方的权利和义务。在劳动过程中，用人单位依据劳动合同的约定来管理职工，行使权利和义务；职工也依据劳动合同来维护自身的利益，履行相应的义务。

1. 订立劳动合同的原则

《中华人民共和国劳动法》第十九条规定，劳动合同应当以书面形式订立。

劳动合同是双方当事人意思自治的产物。只要双方当事人意思表示一致就能够成立劳动合同，而书面形式只是作为成立劳动合同的证据。订立劳动合同的原则有：合法原则；公平原则；平等自愿原则；协商一致原则；诚实守信原则；其他原则。

《中华人民共和国劳动合同法》第十条规定，建立劳动关系，应当订立书面劳动合同。已建立劳动关系，未同时订立书面劳动合同的，应当自用工之日起一个月内订立书面劳动合同。用人单位与劳动者在用工前订立劳动合同的，劳动关系自用工之日起建立。

第八十二条规定，用人单位自用工之日起超过一个月不满一年未与劳动者订立书面劳动合同的，应当向劳动者每月支付二倍的工资。用人单位违反本法规定不与劳动者订立无固定期限劳动合同的，自应当订立无固定期限劳动合同之日起向劳动者每月支付二倍的工资。

2. 劳动合同的类型

劳动合同是用人单位（包括企业、事业、国家机关、社会团体等组织）同劳动者之间确定劳动关系，明确相互权利义务的协议。劳动合同是确立劳动关系的法律依据。订立劳动合同，是劳动关系双方当事人一种十分重要的法律行为，必须严肃认真并履行一定的手续。劳动合同的类型有 3 种：固定期限劳动合同、无固定期限劳动合同、以完成一定工作任务为期限的劳动合同。

固定期限劳动合同是指用人单位与劳动者约定合同终止时间的劳动合同。无固定期限劳动合同是指用人单位与劳动者约定无确定终止时间的劳动合同。用人单位与劳动者协商一致，可以订立无固定期限劳动合同。有下列情形之一，劳动者提出或者同意续订、订立劳动合同的，除劳动者提出订立固定期限劳动合同外，应当订立无固定期限劳动合同。以完成一定工作任务为期限的劳动合同是指用人单位与劳动者约定以某项工作的完成为合同期限的劳动合同。

3. 劳动合同应包含的条款

根据《中华人民共和国劳动法》第十九条规定，劳动合同应当以书面形式订立，并具备以下条款：劳动合同期限；工作内容；劳动保护和劳动条件；劳动报酬；劳动纪律；劳动合同终止的条件；违反劳动合同的责任。在必备条款中，工作内容、劳动报酬是核心内容，要求其内容明确、具体，特别要写清工作岗位、工作地点和具体的工作内容，劳动报酬的具体金额和劳动报酬的组成。

第一百零二条规定，劳动者违反本法规定的条件解除劳动合同或者违反劳动合同中约定的保密事项，对用人单位造成经济损失的，应当依法承担赔偿责任。劳动者的违约责任必须是在劳动合同中明确约定的，如果没有约定，用人单位不得因此要求劳动者支付违约金。劳动者违反劳动合同约定应承担责任，具体有：劳动者违反规定或劳动合同的约定解除劳动合同，对用人单位造成损失的，应赔偿；用人单位招收录用其所支付的费用；用人单位为其支付的培训费（双方另有约定的除外）；给生产、经营和工作造成的直接经济损失；劳动合同约定的其他赔偿费用。根据《违反〈中华人民共和国劳动法〉有关规定的赔偿办法》的规定，劳动者违反劳动合同中约定的保密事项，对用人单位造成经济损失的，按《中华人民共和国反不正当竞争法》第二十条的规定支付用人单位赔偿费用。

4. 劳动合同纠纷的解决方法

劳动合同纠纷是劳动者经常与用人单位发生的合同纠纷。根据我国相关法律规定，劳动合同纠纷的解决方法有以下 4 种：

（1）和解。和解是指当事人之间自行协商解决因合同发生的争议。

（2）企业调解。当事人如果不能协商一致，可以要求有关机构调解，如一方或双方是国有企业，可以要求上级机关进行调解。上级机关应在平等的基础上分清是非进行调解，而不能进行行政干预。当事人还可以要求合同管理机关、仲裁机构、法庭等进行调解。

（3）仲裁。当事人协商不成，不愿调解的，可根据合同中规定的仲裁条款或双方在纠纷发生后达成的仲裁协议向仲裁机构申请仲裁。

仲裁主要有以下特点：

①提交仲裁以双方当事人自愿为前提。当事人之间的纠纷，是否将其提交仲裁、交与谁仲裁、仲裁庭的组成人员如何产生、仲裁适用何种程序规则，都是在双方当事人自愿的基础上，由双方协商确定的。

②仲裁是由中立的第三者出面解决争议的一种方式。这个中立的第三者不是法院，一般是特定的仲裁机构。各仲裁机构一般都提供各专业的仲裁员名册，供当事人选定仲裁员。这些仲裁员是各行各业的专家，保证了仲裁的公正性和权威性。

③仲裁裁决具有法律效力。虽然仲裁机构是民间组织，但是仲裁机构根据争议双方当事人签订的仲裁协议所做出的裁决具有法律效力，对双方当事人都有拘束力。若一方当事人不履行仲裁裁决，另一方当事人有权依照法律规定向法院申请强制执行。

④仲裁具有灵活性和便利性。仲裁在程序上相对宽松，很多环节可以被简化。仲裁实行一裁终局制，有利于当事人纠纷的迅速解决。而程序的简化和裁

决的快速，又大大地降低了解决争议的成本。

⑤保密性。仲裁实行保密原则，案件不公开审理。未经当事人的同意和仲裁庭的允许，仲裁程序及实体内容不得向外界披露，有利于保护当事人的商业秘密和商业信誉。

（4）法院起诉。如果合同中没有订立仲裁条款，事后也没有达成仲裁协议，合同当事人可以将合同纠纷起诉到法院，寻求司法解决。人民法院依据规定的程序受理并审理案件。

快问快答

问题1：劳动合同的类型有几种？分别是哪几种？

答案：劳动合同的类型有3种，分别是固定期限劳动合同、无固定期限劳动合同、以完成一定工作任务为期限的合同。

问题2：劳动合同纠纷是劳动者经常与用人单位发生的合同纠纷，根据我国相关法律规定，劳动合同纠纷的解决有哪些方式？

答案：和解、企业调解、仲裁、法院起诉。

三、依法享有的工伤保险权益

被诊断为职业病的职工，经过劳动部门的鉴定，认定为工伤，依法享有工伤保险和其他职业病待遇，用人单位没有依法参加工伤保险的，其医疗和生活保障由用人单位承担。

1. 工伤保险覆盖范围和人群

凡建立了劳动关系的用人单位都必须实行工伤保险制度。

适用范围内的企业为中国境内的各类企业，包括国有、集体、三资、港澳台资、私有、民营、联营、乡镇企业等。未参加工伤保险期间用人单位职工发生工伤的，由该用人单位按照《工伤保险条例》规定的工伤保险待遇项目和标准支付费用。

适用范围内的职工是指与用人单位存在劳动关系（包括事实劳动关系）的各种用工形式、各种用工期限的劳动者。工伤保险一般适用于工薪劳动者，独立劳动者通常不包括在内。

2. 工伤认定的范围

职工有下列情形之一的，应当认定为工伤。

（1）在工作时间和工作场所内，因工作原因受到事故伤害的。

（2）工作时间前后在工作场所内，从事与工作有关的预备性或者收尾性工作受到事故伤害的。

（3）在工作时间和工作场所内，因履行工作职责受到暴力等意外伤害的。

（4）患职业病的。

（5）因工外出期间，由于工作原因受到伤害或者发生事故下落不明的。

（6）在上下班途中，受到机动车事故伤害的。

（7）法律、行政法规规定应当认定为工伤的其他情形。

延伸阅读

案例：违章作业导致伤亡，能否认定为工伤？

某工厂铆工皮某，为赶进度违章使用三角皮带超载起吊钢材，致使皮带断裂，钢材下落导致左大腿粉碎性骨折。皮某能否被认定为工伤？

分析：皮某应被认定为工伤。因为皮某是在工作时间、工作区域内，因工作原因受到事故伤害，符合工伤认定的第一个规定，故应认定为工伤。至于其违章作业，根据工伤保险实施的无责任赔偿原则，并不影响其享受工伤保险的待遇。

案例：上班期间在上厕所的途中摔倒是否算工伤？

某企业职工王某在上班期间因内急上厕所，摔了一跤而受伤，当地劳动保障部门认为上班如厕属于私事，与工作无关，不属于工作原因，不认定为工伤，请问是否正确？

分析：当地劳动保障部门的认定是错误的。该职工与用人单位已经建立了劳动关系，发生的伤害属于工作时间、工作场所，我国没有任何法律禁止上班时间上厕所，故上班时间上厕所并非私事。

职工有下列情形之一的，视同工伤。

（1）在工作时间和工作岗位，突发疾病死亡或者在48小时之内经抢救无效死亡的。

（2）在抢险救灾等维护国家利益、公共利益活动中受到伤害的。

（3）职工原在军队服役，因战、因公负伤致残，已取得革命伤残军人证，到用人单位后旧伤复发的。

职工有下列情形之一的，不得认定或视同工伤。

（1）因犯罪或者违反治安管理伤亡的。

（2）醉酒导致伤亡的。

（3）自残或者自杀的。

延伸阅读

案例：职工见义勇为受伤是否可以认定为工伤?

某运输公司的班车遇车祸，职工邓某下车协助现场的交通民警抢救伤员时被另一辆卡车撞为脑挫裂伤，颅内血肿，脾破裂，进行了脾切除手术等治疗。邓某所在运输公司不同意按工伤给予待遇，邓某诉至仲裁委员会。仲裁委员会受理后，经过调查，裁决邓某胜诉。

分析：邓某是在上班途中帮助处理事故时被撞成重伤的，虽不在工作岗位上，却是在为社会做好事的现场，按照《工伤保险条例》第十五条规定，在抢险救灾等维护国家利益、公共利益活动中受到伤害的，视同工伤。

3. 工伤认定的申请方式

根据《工伤认定办法》第六条规定，提出工伤认定申请应当填写《工伤认定申请表》，并提交下列材料：

劳动、聘用合同文本复印件或者与用人单位存在劳动关系（包括事实劳动关系）、人事关系的其他证明材料；

医疗机构出具的受伤后诊断证明书或者职业病诊断证明书（或者职业病诊断鉴定书）。

第十七条规定，职工或者其近亲属认为是工伤，用人单位不认为是工伤的，由该用人单位承担举证责任。用人单位拒不举证的，社会保险行政部门可以根据受伤害职工提供的证据或者调查取得的证据，依法作出工伤认定决定。

第十八条规定，社会保险行政部门应当自受理工伤认定申请之日起 60 日内作出工伤认定决定，出具《认定工伤决定书》或者《不予认定工伤决定书》。

4. 工伤认定所需材料

申请工伤认定需提交下列材料。

（1）工伤认定申请表。

（2）与用人单位存在劳动关系（包括事实劳动关系）的证明材料。

（3）本人身份证复印件。

（4）医疗诊断证明或职业病证明书（或职业病诊断鉴定书）。

（5）其他有证明效力的证明材料。

属于下列情况的还应提供相关证明材料。

（1）因工外出期间，由于工作原因，受到交通事故或其他意外伤害的，需提交如“派工单”“出差通知书”，或者其他能证明因工外出的原始证明材料。

（2）属于上下班受机动车事故伤害的，需提交上下班的作息时间表、单位至职工居住地的正常路线图；公安交通管理部门的《交通事故责任认定书》和《交通事故损害赔偿调解书》；个人驾驶机动车发生交通事故的，需提供机动车驾驶证。

（3）属于交通事故肇事逃逸的，需提交公安交通管理部门的相关证明。

（4）属于借用、劳务输出人员，需提交双方单位的协议书；借用或劳务输入单位的事故调查报告；由劳动关系所在单位申报并提交劳动合同文本或其他建立劳动关系的有效证明；劳务输出职工名单（需经双方单位盖章确认）。

（5）直系亲属代表伤亡职工提出工伤认定申请的，还需提交有效的委托证明、直系亲属关系证明。

（6）单位工会组织代表伤亡职工提出工伤认定申请的，还需提交单位工会介绍信、办理人身份证明。

如果在用人单位没有购买工伤保险的情况下，发生了工伤事件，该用人单位需要承担起职工的工伤补偿。如果已经购买工伤保险，则由工伤保险经办机构结合受伤职工的实际情况，同时参考当地关于工伤的赔偿标准规定，对受伤职工作出相应的赔偿。

5. 职业病诊断的方式和材料

（1）诊断地和诊断机构。

劳动者可以在用人单位所在地、本人户籍所在地或者经常居住地，自主选择依法承担职业病诊断的医疗卫生机构进行职业病诊断。劳动者所选择的职业病诊断机构应满足：持有《医疗机构执业许可证》、具有相应的诊疗科目及与开展职业病诊断相适应的职业病诊断医师等相关医疗卫生技术人员。

（2）诊断费用。

职业病诊断费用由用人单位承担。

（3）诊断接诊。

劳动者依法要求进行职业病诊断的，职业病诊断机构不得拒绝劳动者进行职业病诊断的要求，并应告知劳动者职业疾诊断的程序和所需材料。

（4）诊断资料提供。

《职业病诊断与鉴定管理办法》规定职业病诊断所需资料主要由用人单位向诊断机构提供，劳动者只提供本人掌握的职业病诊断有关资料。用人单位应当如实提供职业病诊断所需的劳动者职业史和职业病危害接触史、工作场所职业病危害因素检测结果等资料。

（5）确无资料或有异议时。

劳动者对用人单位提供的工作场所职业病危害因素检测结果等资料有异议，或者因用人单位解散、破产，无用人单位提供上述资料的，诊断机构应当依法提请用人单位所在地卫生健康主管部门进行调查。卫生健康主管部门应当自接到申请之日起 30 日内对存在异议的资料或者工作场所职业病危害因素情况进行判定。

（6）用人单位拒不提供相关资料时。

职业病诊断过程中，经卫生健康主管部门督促，用人单位仍不提供工作场所职业病危害因素检测结果、职业健康监护档案等资料或者提供资料不全的，诊断机构应当结合劳动者的临床表现、辅助检查结果和劳动者的职业史、职业病危害接触史，并参考劳动者的自述或者工友旁证资料、卫生健康等有关部门提供的日常监督检查信息等，作出职业病诊断结论。

（7）劳动关系争议仲裁。

职业病诊断、鉴定过程中，在确认劳动者职业史、职业病危害接触史时，当事人对劳动关系、工种、工作岗位或者在岗时间有争议的，职业病诊断机构应当告知当事人依法向用人单位所在地的劳动人事争议仲裁委员会申请仲裁。接到申请的劳动人事争议仲裁委员会应当受理，并在 30 日内作出裁决。当事人（包括申请诊断的劳动者及其用人单位）在仲裁过程中对自己提出的主张，有责任提供证据。劳动者无法提供由用人单位掌握管理的与仲裁主张有关的证据的，劳动人事争议仲裁委员会应当要求用人单位在指定期限内提供，用人单位在指定期限内不提供的，应当承担不利后果。

劳动者对仲裁裁决不服的，可以依法向人民法院提起诉讼。用人单位对仲裁裁决不服的，可以在职业病诊断、鉴定程序结束之日起 15 日内依法向人民法院提起诉讼。诉讼期间，劳动者的治疗费用按照职业病待遇规定的途径支付。

没有证据否定职业病危害因素与病人临床表现之间的必然联系的，应当诊断为职业病。

（8）诊断证明书出具的规范。

职业病诊断机构应当在收到材料之日起 30 日内作出诊断结论，并出具职业病诊断证明书。此外，职业病诊断证明书应当于出具之日起 15 日内由职业病诊断机构送达劳动者、用人单位及用人单位所在地县级卫生健康主管部门。

劳动者在收到职业病诊断证明书后应检查职业病诊断证明书中是否包含以下内容：劳动者基本信息（姓名、性别、出生年月日）、用人单位名称、职业病接触史、临床表现、实验室检查结果、X 线胸片表现、依据的诊断标准、诊断结论。确诊为职业病的，应当载明职业病的名称、程度（期别）、处理意见、诊断时间、诊断医生签名、盖章（职业病诊断证明书应当由参加诊断的医师共同签署，整理并经职业病诊断机构审核盖章）。

职业病诊断证明书一式三份，劳动者、用人单位各一份，诊断机构存档一份。

（9）诊断档案永久保存。

职业病诊断机构应当建立职业病诊断档案并永久保存。

6. 职业病鉴定的方式和材料

当申请诊断的劳动者或其用人单位对职业病诊断机构作出的职业病诊断结论有异议时，可以向卫生行政部门（省或市级卫生健康委员会）申请，由该部门指定的鉴定办事机构受理，由当事人或者由其委托的职业病鉴定办事机构从专家库中按照专业类别以随机抽取的方式抽取专家，组成职业病诊断鉴定委员会，由鉴定委员会认真审阅鉴定资料、充分合议并独立作出鉴定结论。

（1）首次鉴定申请。当事人接到职业病诊断证明书之日起 30 日内，向职业病诊断机构所在地设区的市级卫生行政部门申请鉴定。

（2）再鉴定申请。当事人对所在地设区的市级职业病鉴定结论不服的，可以在接到鉴定书之日起 15 日内，向原鉴定组织所在地省级卫生行政部门申请再鉴定。职业病鉴定实行两级鉴定制，省级职业病鉴定结论为最终鉴定。

（3）资料审核时限。职业病鉴定办事机构应当自收到申请资料之日起 5 个工作日内完成资料审核，对资料齐全的发给受理通知书；资料不全的，应当当场或者在 5 个工作日内一次性告知当事人补充。资料补充齐全的，应当受理申请并组织鉴定。

（4）获得资料及时限。职业病鉴定办事机构收到当事人鉴定申请之后，根据需要可以向原职业病诊断机构或者组织首次职业病鉴定的办事机构调阅有关的诊断、鉴定资料，原职业病诊断机构或者组织首次鉴定的办事机构应当在接到通知之日起 10 日内提交；可以向有关单位调取与职业病诊断、鉴定有关的资料，有关单位应当如实、及时提供；可以组织对工作场所进行现场调查或者依法提请卫生健康主管部门组织现场调查，现场调查应当在 30 日内完成。鉴定委员会必要时可以组织进行医学检查，医学检查应当在 30 日内完成。医学检查和现场调查时间不计算在职业病鉴定规定的期限内。

（5）鉴定结论时限。职业病鉴定办事机构应当在受理鉴定申请之日起 40 日内组织鉴定、形成鉴定结论并出具职业病鉴定书，并在出具职业病诊断鉴定书之日起 10 日内送达当事人。

（6）鉴定书出具的规范。职业病诊断鉴定书应当包括以下内容：劳动者、用人单位的基本信息及鉴定事由；鉴定结论及其依据，如果鉴定为职业病的，应当注明职业病名称、程度（期别）；鉴定时间。鉴定书加盖鉴定委员会印章。

（7）当事人的其他权利。鉴定委员会应当听取当事人的陈述和申辩；申请鉴定的当事人有自主随机抽取鉴定专家的权利，也可以委托鉴定办事机构随机抽取；当事人（劳动者、用人单位）双方都有获得书面的职业病鉴定书的权利。

（8）鉴定费用。职业病鉴定费用由用人单位承担。

7. 工伤保险的待遇

职工所受到的事故伤害是发生在工作时间和工作场所内，因工作原因引起的；职工因长期从事该工作的原因患该职业病的；职工在工作时间和工作场所内，因履行工作职责受到暴力等意外伤害的；职工因工外出期间，由于工作原因受到伤害或者发生事故下落不明的；职工在上下班途中，受到非本人主要责任的交通事故或者城市轨道交通、客运轮渡、火车事故伤害的；职工在工作时间和工作岗位，突发疾病死亡或者在48小时之内经抢救无效死亡的。

因以上工作原因造成的工伤情形中，工伤保险实行无责任补偿原则。

表8-1 职工工伤与职业病致残程度分级表

级别	级别综合判定依据
一级	器官缺失或功能完全丧失，其他器官不能代偿，需特殊医疗依赖，完全或大部分生活不能自理。
二级	器官严重缺损或畸形，有严重功能障碍或并发症，需特殊医疗依赖，或大部分生活不能自理。
三级	器官严重缺损或畸形，有严重功能障碍或并发症，需特殊医疗依赖，或生活不能自理。
四级	器官严重缺损或畸形，有严重功能障碍或并发症，需特殊医疗依赖，生活可以自理。
五级	器官大部分缺损或明显畸形，有较重功能障碍或并发症，需一般医疗依赖，生活能自理。
六级	器官大部分缺损或明显畸形，有中度功能障碍或并发症，需一般医疗依赖，生活能自理。
七级	器官大部分缺损或畸形，有轻度功能障碍或并发症，需一般医疗依赖，生活能自理。
八级	器官部分缺损，形态异常，有轻度功能障碍，有医疗依赖，生活能自理。
九级	器官部分缺损，形态异常，有轻度功能障碍，无医疗依赖，生活能自理。
十级	器官部分缺损，形态异常，无功能障碍，无医疗依赖，生活能自理。

根据《中华人民共和国社会保险法》第三十八条规定，因工伤发生的下列费用，按照国家规定从工伤保险基金中支付：

（1）治疗工伤的医疗费用和康复费用。

（2）住院伙食补助费。

（3）到统筹地区以外就医的交通食宿费。

（4）安装配置伤残辅助器具所需费用。

（5）生活不能自理的，经劳动能力鉴定委员会确认的生活护理费。

（6）一次性伤残补助金和一至四级伤残职工按月领取的伤残津贴。

（7）终止或者解除劳动合同时，应当享受的一次性医疗补助金。

（8）因工死亡的，其遗属领取的丧葬补助金、供养亲属抚恤金和因工死亡补助金。

（9）劳动能力鉴定费。

第三十九条规定，因工伤发生的下列费用，按照国家规定由用人单位支付：

（1）治疗工伤期间的工资福利。

（2）五级、六级伤残职工按月领取的伤残津贴。

（3）终止或者解除劳动合同时，应当享受的一次性伤残就业补助金。

表 8-2　伤残待遇的项目与标准

<table>
<tr><th colspan="2">伤残等级</th><th colspan="2">基金支付一次性伤残补助金</th><th>劳动关系</th><th colspan="3">按月支付伤残津贴</th><th>社会保险费</th><th>退休待遇</th></tr>
<tr><td rowspan="4">一至四级</td><td>一级</td><td rowspan="10">本人工资</td><td>24 个月</td><td rowspan="4">保留劳动关系，退出岗位。</td><td rowspan="6">本人工资</td><td>90%</td><td rowspan="4">基金支付</td><td rowspan="6">用人单位和个人按规定缴纳。</td><td rowspan="6">停发伤残津贴，享受基本养老保险，并补差额。</td></tr>
<tr><td>二级</td><td>22 个月</td><td>85%</td></tr>
<tr><td>三级</td><td>20 个月</td><td>80%</td></tr>
<tr><td>四级</td><td>18 个月</td><td>75%</td></tr>
<tr><td rowspan="2">五至六级</td><td>五级</td><td>16 个月</td><td rowspan="2">若难以安排工作，退出岗位。</td><td>70%</td><td rowspan="2">单位支付</td></tr>
<tr><td>六级</td><td>14 个月</td><td>60%</td></tr>
<tr><td rowspan="4">七至十级</td><td>七级</td><td>12 个月</td><td rowspan="4">劳动合同期满可终止。</td><td colspan="5" rowspan="4">单位或个人提出终止劳动合同，用人单位按照当地相关规定支付一次性工伤医疗补助金和伤残就业补助金。</td></tr>
<tr><td>八级</td><td>10 个月</td></tr>
<tr><td>九级</td><td>8 个月</td></tr>
<tr><td>十级</td><td>6 个月</td></tr>
</table>

四、女职工的劳动保护

《女职工劳动保护特别规定》于 2012 年 4 月 18 日国务院第 200 次常务会议通过，2012 年 4 月 28 日中华人民共和国国务院令第 619 号公布，自公布之日起施行。

女职工劳动保护问题是随着女性大量涌入工业生产岗位、参加社会生产劳动而出现的。由于女性有着特殊的生理机能和承担着人类自身再生产的特殊使命，在参加社会物质生产过程中存在着不同于男性的特殊困难和特殊需求，构成了女职工在生产劳动中的特殊保护问题。

1. 女职工禁忌从事的劳动范围

《女职工劳动保护特别规定》明确，女职工禁忌从事的劳动范围：

（1）矿山井下作业。

（2）体力劳动强度分级标准中规定的第四级体力劳动强度的作业。

（3）每小时负重 6 次以上、每次负重超过 20 公斤的作业，或者间断负重、每次负重超过 25 公斤的作业。

女职工在经期禁忌从事的劳动范围：

（1）冷水作业分级标准中规定的第二级、第三级、第四级冷水作业。

（2）低温作业分级标准中规定的第二级、第三级、第四级低温作业。

（3）体力劳动强度分级标准中规定的第三级、第四级体力劳动强度的作业。

（4）高处作业分级标准中规定的第三级、第四级高处作业。

女职工在孕期禁忌从事的劳动范围：

（1）作业场所空气中铅及其化合物、汞及其化合物、苯、镉、铍、砷、氰化物、氮氧化物、一氧化碳、二硫化碳、氯、己内酰胺、氯丁二烯、氯乙烯、环氧乙烷、苯胺、甲醛等有毒物质浓度超过国家职业卫生标准的作业。

（2）从事抗癌药物、己烯雌酚生产，接触麻醉剂气体等的作业。

（3）非密封源放射性物质的操作，核事故与放射事故的应急处置。

（4）高处作业分级标准中规定的高处作业。

（5）冷水作业分级标准中规定的冷水作业。

（6）低温作业分级标准中规定的低温作业。

（7）高温作业分级标准中规定的第三级、第四级的作业。

（8）噪声作业分级标准中规定的第三级、第四级的作业。

（9）体力劳动强度分级标准中规定的第三级、第四级体力劳动强度的作业。

（10）在密闭空间、高压室作业或者潜水作业，伴有强烈振动的作业，或者需要频繁弯腰、攀高、下蹲的作业。

女职工在哺乳期禁忌从事的劳动范围：

（1）孕期禁忌从事的劳动范围的第一项、第三项、第九项。

（2）作业场所空气中锰、氟、溴、甲醇、有机磷化合物、有机氯化合物等有毒物质浓度超过国家职业卫生标准的作业。

2. 女职工孕期、产期和哺乳期的待遇

用人单位不得因女职工怀孕、生育、哺乳降低其工资、予以辞退、与其解除劳动合同或者聘用合同。

（1）女职工在孕期的待遇。

女职工在孕期不能适应原劳动的，用人单位应根据医疗机构的证明，予以减轻劳动量或者安排其他能够适应的劳动。对于怀孕 7 个月以上的女职工，用人单位不得延长劳动时间或者安排夜班劳动，并应当在劳动时间内安排一定的休息时间。怀孕女职工在劳动时间内进行检查，所需时间计入劳动时间。

（2）女职工在产期的待遇。

①关于休息休假问题。根据《中华人民共和国劳动法》第六十二条规定，女职工生育享受不少于九十天的产假。《女职工劳动保护特别规定》第七条规定，女职工生育享受 98 天产假，其中产前可以休假 15 天；难产的，增加产假 15 天；生育多胞胎的，每多生育 1 个婴儿，增加产假 15 天。女职工怀孕未满 4 个月流产的，享受 15 天产假；怀孕满 4 个月流产的，享受 42 天产假。

②关于产假期间工资问题。《女职工劳动保护特别规定》第八条第一款规定，女职工产假期间的生育津贴，对已经参加生育保险的，按照用人单位上年度职工月平均工资的标准由生育保险基金支付；对未参加生育保险的，按照女职工产假前工资的标准由用人单位支付。

③关于生育医疗费用问题。《女职工劳动保护特别规定》第八条第二款规定，女职工生育或者流产的医疗费用，按照生育保险规定的项目和标准，对已经参加生育保险的，由生育保险基金支付；对未参加生育保险的，由用人单位支付。该医疗费用包括女职工在妊娠期、分娩期、产褥期内，因生育或流产所发生的检查费、接生费、手术费、住院费、药费等费用。

（3）女职工在哺乳期的待遇。

哺乳期是指产后产妇用自己的乳汁喂养婴儿的时期，即开始哺乳到停止哺乳的这段时间，一般长约 10 个月至 1 年。《女职工劳动保护特别规定》第九条规定，对哺乳未满 1 周岁婴儿的女职工，用人单位不得延长劳动时间或者安排夜班劳动。用人单位应当在每天的劳动时间内为哺乳期女职工安排 1 小时哺乳时间；女职工生育多胞胎的，每多哺乳 1 个婴儿每天增加 1 小时哺乳时间。

不得安排女职工在哺乳未满 1 周岁的婴儿期间从事国家规定的第三级体力劳动强度的劳动和哺乳期禁忌从事的其他劳动。

《女职工保健工作规定》第十二条规定，婴儿满周岁时，经县（区）以上（含县、区）医疗或保健机构确认为体弱儿，可适当延长授乳时间，但不得超过 6 个月；有未满 1 周岁婴儿的女职工，一般不得安排上夜班；不得安排哺乳女职工从事《女职工劳动保护规定》和《女职工禁忌劳动范围的规定》所指出的作业。

通常情况下，哺乳期为 12 个月左右，在这期间，用人单位不能解除与女职工的劳动合同，除非双方协商一致或者女职工严重违反劳动纪律或者存在违法犯罪的情况。

2021 年 6 月印发的《国务院未成年人保护工作领导小组关于加强未成年人保护工作的意见》要求全面落实产假等生育类假期制度和哺乳时间相关规定，鼓励有条件的地区探索开展育儿假试点。各省份公布的修订计生条例中，首次明确提出增设育儿假，夫妻二人各享受 1C 天到 15 天不等。

五、职工需要履行的义务

职工获得职业健康基础知识，践行健康工作方式和生活方式，防范职业病和相关疾病发生风险，维护和促进自身健康的意识和能力，提升职业健康素养水平，对于保护职工全面健康乃至维护全人群生命周期的健康至关重要。职业健康是劳动者的重要权益，为了维护自身安全健康，劳动者也要承担相应义务。

《中华人民共和国职业病防治法》第三十四条规定，劳动者应当学习和掌握相关的职业卫生知识，增强职业病防范意识，遵守职业病防治法律、法规、规章和操作规程，正确使用、维护职业病防护设备和个人使用的职业病防护用品，发现职业病危害事故隐患应当及时报告。

履行法律规定的义务，不仅是做好职业病防治工作的需要，同时也是保护劳动者自身健康和生命安全的需要。

快问快答

问题 1：职工发现职业病危害事故隐患应当及时（　　）。［单选］

A. 报告

B. 处理

C. 隐瞒

答案：A

问题 2：劳动者主动参与职业病防治工作方面的义务（　　）。［多选］

A. 学习和掌握相关的职业卫生知识

B. 增强职业病防范意识

C. 遵守职业病防治法律、法规、规章和操作规程

D. 正确使用、维护职业病防护设备和个人使用的职业病防护用品

答案：ABCD

附件　职业病分类和目录

一、职业性尘肺病及其他呼吸系统疾病

（一）尘肺病

1. 矽肺

2. 煤工尘肺

3. 石墨尘肺

4. 炭黑尘肺

5. 石棉肺

6. 滑石尘肺

7. 水泥尘肺

8. 云母尘肺

9. 陶工尘肺

10. 铝尘肺

11. 电焊工尘肺

12. 铸工尘肺

13. 根据《尘肺病诊断标准》和《尘肺病理诊断标准》可以诊断的其他尘肺病

（二）其他呼吸系统疾病

1. 过敏性肺炎

2. 棉尘病

3. 哮喘

4. 金属及其化合物粉尘肺沉着病（锡、铁、锑、钡及其化合物等）

5. 刺激性化学物所致慢性阻塞性肺疾病

6. 硬金属肺病

二、职业性皮肤病

1. 接触性皮炎

2. 光接触性皮炎

3. 电光性皮炎

4. 黑变病

5. 痤疮

6. 溃疡

7. 化学性皮肤灼伤

8. 白斑

9. 根据《职业性皮肤病的诊断总则》可以诊断的其他职业性皮肤病

三、职业性眼病

1. 化学性眼部灼伤

2. 电光性眼炎

3. 白内障（含放射性白内障、三硝基甲苯白内障）

四、职业性耳鼻喉口腔疾病

1. 噪声聋

2. 铬鼻病

3. 牙酸腐蚀病

4. 爆震聋

五、职业性化学中毒

1. 铅及其化合物中毒（不包括四乙基铅）
2. 汞及其化合物中毒
3. 锰及其化合物中毒
4. 镉及其化合物中毒
5. 铍病
6. 铊及其化合物中毒
7. 钡及其化合物中毒
8. 钒及其化合物中毒
9. 磷及其化合物中毒
10. 砷及其化合物中毒
11. 铀及其化合物中毒
12. 砷化氢中毒
13. 氯气中毒
14. 二氧化硫中毒
15. 光气中毒
16. 氨中毒
17. 偏二甲基肼中毒
18. 氮氧化合物中毒
19. 一氧化碳中毒
20. 二硫化碳中毒
21. 硫化氢中毒
22. 磷化氢、磷化锌、磷化铝中毒
23. 氟及其无机化合物中毒
24. 氰及腈类化合物中毒
25. 四乙基铅中毒

26. 有机锡中毒
27. 羰基镍中毒
28. 苯中毒
29. 甲苯中毒
30. 二甲苯中毒
31. 正己烷中毒
32. 汽油中毒
33. 一甲胺中毒
34. 有机氟聚合物单体及其热裂解物中毒
35. 二氯乙烷中毒
36. 四氯化碳中毒
37. 氯乙烯中毒
38. 三氯乙烯中毒
39. 氯丙烯中毒
40. 氯丁二烯中毒
41. 苯的氨基及硝基化合物（不包括三硝基甲苯）中毒
42. 三硝基甲苯中毒
43. 甲醇中毒
44. 酚中毒
45. 五氯酚（钠）中毒
46. 甲醛中毒
47. 硫酸二甲酯中毒
48. 丙烯酰胺中毒
49. 二甲基甲酰胺中毒
50. 有机磷中毒
51. 氨基甲酸酯类中毒
52. 杀虫脒中毒

53. 溴甲烷中毒

54. 拟除虫菊酯类中毒

55. 铟及其化合物中毒

56. 溴丙烷中毒

57. 碘甲烷中毒

58. 氯乙酸中毒

59. 环氧乙烷中毒

60. 上述条目未提及的与职业有害因素接触之间存在直接因果联系的其他化学中毒

六、物理因素所致职业病

1. 中暑

2. 减压病

3. 高原病

4. 航空病

5. 手臂振动病

6. 激光所致眼（角膜、晶状体、视网膜）损伤

7. 冻伤

七、职业性放射性疾病

1. 外照射急性放射病

2. 外照射亚急性放射病

3. 外照射慢性放射病

4. 内照射放射病

5. 放射性皮肤疾病

6. 放射性肿瘤（含矿工高氡暴露所致肺癌）

7. 放射性骨损伤

8. 放射性甲状腺疾病

9. 放射性性腺疾病

10. 放射复合伤

11. 根据《职业性放射性疾病诊断标准（总则）》可以诊断的其他放射性损伤

八、职业性传染病

1. 炭疽

2. 森林脑炎

3. 布鲁氏菌病

4. 艾滋病（限于医疗卫生人员及人民警察）

5. 莱姆病

九、职业性肿瘤

1. 石棉所致肺癌、间皮瘤

2. 联苯胺所致膀胱癌

3. 苯所致白血病

4. 氯甲醚、双氯甲醚所致肺癌

5. 砷及其化合物所致肺癌、皮肤癌

6. 氯乙烯所致肝血管肉瘤

7. 焦炉逸散物所致肺癌

8. 六价铬化合物所致肺癌

9. 毛沸石所致肺癌、胸膜间皮瘤

10. 煤焦油、煤焦油沥青、石油沥青所致皮肤癌

11. β－萘胺所致膀胱癌

十、其他职业病

1. 金属烟热

2. 滑囊炎（限于井下工人）

3. 股静脉血栓综合征、股动脉闭塞症或淋巴管闭塞症（限于刮研作业人员）

图书在版编目（CIP）数据

职工职业健康管理手册 / 国家卫生健康委职业安全卫生研究中心编著. —
北京：中国工人出版社，2023.5
ISBN 978-7-5008-8040-0

Ⅰ. ①职…　Ⅱ. ①国…　Ⅲ. ①职业病 – 防治 – 手册　Ⅳ. ①R135-62

中国国家版本馆CIP数据核字（2023）第060740号

职工职业健康管理手册

出 版 人　董　宽
责任编辑　时秀晶
责任校对　张　彦
责任印制　栾征宇
出版发行　中国工人出版社
地　　址　北京市东城区鼓楼外大街45号 邮编：100120
网　　址　http://www.wp-china.com
电　　话　（010）62005043（总编室）
　　　　　（010）62005039（印制管理中心）
　　　　　（010）82027810（职工教育分社）
发行热线　（010）82029051　62383056
经　　销　各地书店
印　　刷　三河市国英印务有限公司
开　　本　710毫米×1000毫米　1/16
印　　张　14.75
字　　数　243千字
版　　次　2023年5月第1版　2023年5月第1次印刷
定　　价　45.00元

本书如有破损、缺页、装订错误，请与本社印制管理中心联系更换